Die Krise und die Wende

Günther Dohmen

Die Krise
und die Wende

Gereimte Denkberichte III

Bibliografische Information der Deutschen Nationalbibliothek
Die Deutsche Nationalbibliothek verzeichnet diese Publikation in der
Deutschen Nationalbibliografie; detaillierte bibliografische Daten sind
im Internet über http://dnb.d-nb.de abrufbar.

© 2009 Günther Dohmen
Satz, Umschlaggestaltung, Herstellung und Verlag:
Books on Demand GmbH, Norderstedt
ISBN 978-3-8370-2270-4

Inhalt

Die Politik ist neu gefragt

Beziehungskrisen noch dazu?

Und ewig bleibt die Bildungskrise?

Die Wende der Perspektiven

Warum sag ich's in Reimen?

Da kann man nicht so schleimen
und in recht langen Sätzen
alles so breit beschwätzen.

Etwas in einen Reim zu zwingen
heißt auch, es auf den Punkt zu bringen.
Man muss nach strengen Normen
und in gefälligen Formen
die Aussagen knapp fassen
und Abstraktionen lassen.

Natürlich wird auch was verkürzt
und durch die Reimung falsch gewürzt.
Es ist auch stets ein Spannungsspiel
zwischen dem Inhalt und dem Stil.

Doch Reime fließen voran
und sprechen als solche an.
Und was die Worte sagen,
kann einen nicht erschlagen,
weil durch ihr rhythmisches Singen
sie einen Abstand bringen.

Statt sich verbissen reinzuwühlen
kann man auch mit Gedanken spielen
und doch ihre Bedeutung fühlen.

Da gibt's nicht Systematik
und künstliche Dramatik,
nur einzelne Gedankenfolgen,
die keiner großen Planung folgen.
Sie spiegeln aber, dargestellt
in dem akuten Themenfeld,
'ne stimmige Gedankenwelt.

Auch wenn der Inhalt unbequem,
ist doch das Lesen angenehm.
Die Form strahlt auch schon etwas aus
und schließt den Fanatismus aus.
Drum werden radikale Thesen
auch viel gelassener gelesen.

Man kann sehr ernste Gedanken
aus diesen Versen tanken.
Ich hoffe aber, dass
das Lesen auch macht Spaß.

Die Krise ist ein Zeichen

Die Krise ist ein Zeichen,
dass wir was nicht erreichen,
weil etwas falsch gelaufen ist,
und dass das sehr bedenklich ist.

Die Zuspitzung von Schwierigkeiten,
die fürs System Gefahr bedeuten,
zwingt dann zu einer Wende
und meistens auch zum Ende
bisheriger Tendenzen
und zu einem Begrenzen
des Spielraums der Akteure,
die schufen die Misere.

Betrachten wir dann diese
ganz aktuelle Krise,
dann hat sich vieles zugespitzt,
von mieser Stimmung unterstützt:

Die Banken haben spekuliert
und sich durch Geldgier ruiniert.
Die Wirtschaft mehr und mehr stagniert
und auch der Handel nicht floriert.

Die Arbeitsplätze langsam sterben,
der Staat macht Schulden für die Erben.

Die Umwelt wird zerstört,
Ressourcen aufgezehrt,
das Klima ruiniert
Unwetter provoziert.

Die Boomzeit geht zu Ende,
wir stehn vor einer Wende
zu viel mehr Maß und Einschränkung
und Überfluss-Beendigung.

Die Krisen werden erst beendet,
wenn die Verantwortung sich wendet
zu einem andren Kurs,
heraus aus dem Konkurs
der ökonomischen Gier
zu mehr globalem »Wir«.

Die Krise lastet auf uns schwer.
Wir sehen keine Zukunft mehr,
in der die Wirtschaft wieder blüht,
und Kurse mehr nach oben zieht.

Und auch die meisten Banken
beginnen schon zu wanken.

Die Klimakatastrophe droht,
Millionen stehn vorm Hungertod.

Die Energievorräte schwinden
und die Experten schon verkünden,
dass sie die Katastrophen sehn,
in denen wir bald unter gehn.

Die Medien schüren Ängste.
Und Optimismus? Denkste!
Es wächst die Lust an einer Not,
die uns so schauerlich bedroht.

Im drohenden Gewitter
kommen dann grüne Ritter
mit Öko- und mit Bio-Fahnen,
um Rettungswege forsch zu bahnen.

Auch die Regierung, die wacht auf
und sattelt noch Milliarden drauf.

Doch die Auguren wetten:
Das wird uns auch nicht retten.

Wir können wohl erreichen,
dass Krisenzeichen weichen.
Und doch kann man nicht sicher sein,
wann das System bricht wieder ein.

Die Gier, die wird nicht enden
und das Substanz-Verschwenden.
Die Banker werden weiter zocken
und mit den hohen Zinsen locken.

Wir werden nichts erreichen
mit immer mehr vom Gleichen.

Wenn Menschen immer mehr noch wollen,
dann helfen auch nicht mehr Kontrollen.

Doch viele darauf wetten:
Mehr Bildung kann uns retten.
Doch auch noch mehr Studenten
und Pauken kann's nicht wenden.

Es fehlt die moralische Wende
zur Solidarität
und die pädagogische Wende
zur Kreativität.

Erst eine Neugestaltung
aus solidarischerer Haltung
und eine stärkere Stringenz
innovativer Kompetenz
bringt uns ein bleibendes Genesen
im Wirtschafts- und im Bildungswesen.

In diesen Krisentagen
da wächst ein Unbehagen:

Wir haben doch bis jetzt
auf Wachstum nur gesetzt,
auf wachsende Produktion
und steigenden Arbeitslohn
und immer neue Waren,
die überflüssig waren.

Die Gier nach viel mehr Geld
und Ausbeutung der Welt,
nach immer mehr Komfort,
das kommt einem so vor
als würde unser Streben
sich immer mehr erheben
übers »natürlich« Leben.

Von dem natürlichen Willen,
Bedürfnisse zu stillen,
sind wir schon weit entfernt.
Wir haben längst gelernt,
Bedürfnis künstlich zu erschaffen
zum Kaufen und zum sinnlos Raffen
durch Werbung und durch »Marketing«.

Man führt uns heut am Nasenring
von Gier und Neid
sehr schnell so weit,
dass wir im Tretrad laufen
und sinnlos weiter kaufen
und so Ressourcen rasch verbrauchen,
auch wenn wir eigentlich nichts brauchen.

Doch würden wir vernünftig werden,
entstünden Krisen schnell auf Erden,
weil viele Blasen platzten
und Wohlstand auch verpatzten.

Und heißt auf Wachstum zu verzichten,
nicht Arbeitsplätze zu vernichten?

Das führt zu dem Befund:
Da ist was ungesund !
Wir leben lange schon
von einer Illusion:
Das »immer weiter, immer mehr«,
das funktioniert schon längst nicht mehr.

Wie soll es weiter gehn?
Kann man nicht jetzt schon sehn:
Wir müssen bescheidener werden,
natürlicher leben auf Erden,
verzichten auf die Schnäppchen-Phasen
und lassen platzen manche Blasen
der Wirtschaft und der Banken,
an denen wir jetzt kranken.

So tief wir auch die Krise spüren,
das ist kein Grund zum Resignieren.

Wir haben Fundamente
und auch die stützenden Wände
für offene Diskussionen
um rettende Optionen:

Im demokratischen Rahmen
gedeihn Gedanken-Samen
und Wettstreit ums Verstehen
und helfende Ideen.

Der Rechtsstaat garantiert,
dass Achtsamkeit regiert
und Willkür nicht passiert.

Und der soziale Staat
hat Hilfen auch parat
gegen's ins Elend sinken
und in der Not ertrinken.

Doch in dem stützenden Rahmen
die Lösungen nicht kamen,
weil nicht statt dem Gewinn
ein neuer ethischer Sinn
das Denken und Handeln regiert
und aus der Krise führt.

Der Ordnungsrahmen der ist wichtig,
doch sind Gesinnungen nicht tüchtig
für kreativere Reformen,
dann bleibts bei leeren Formen.

Doch will man jetzt Reformen wagen,
darf man nicht die Experten fragen.
Die werden immer wieder sagen,
dass letztlich alles wichtig ist,
was ihnen längst vertraut schon ist.
Da fehlt die kreative Kraft,
die Mut zu echtem Wandel schafft.

Die engagierte Besinnung
auf mehr soziale Gesinnung,
die bringt erst Schwung und Kraft,
die wirkliche Reformen schafft.

Die Krisen meist entstehen,
wenn wir es nicht verstehen,
die heikle Balance zu finden
bei dem vernünftigen Verbinden
von Freiheit, Ordnung und Moral
mit kreativer Technik-Wahl.

Wir sehen meistens nur,
dass unsrer Triebnatur
wir müssen Grenzen setzen
mit harten Strafgesetzen.
Das heißt dann in der Tat,
die Freiheit durch den Staat
vernünftig zu begrenzen.

Durch klare Ordnungsgrenzen
wolln wir verhindern hier
die Dominanz der Gier.

Das wird aber besonders schwierig,
wenn ein Regime ist zu begierig,
die Bürger positiv zu trimmen
und ihr Verhalten zu bestimmen.
Dann reichen nicht nur die Verbote,
man braucht auch praktische Gebote.

Doch dann wird eine Staats-Kultur
leicht Schritt für Schritt zur Diktatur.

Weil sich der Egoismus wehrt
gegen soziale Pflichten
wird dann der Ordnungs-Sinn verkehrt:
man will uns jetzt verpflichten,
notfalls auch mit der Staatsgewalt,
zu spiegeln eine Wunschgestalt.

Doch diese bipolare Sicht
die sieht dann meist das Dritte nicht,
das neben Freiheiten und Zwang
betrifft den Kern-Zusammenhang
mit einem inneren Streben
nach einem besseren Leben.

Die Egoismus-Energien,
die der Gemeinschaft sich entziehen,
und auch geschickt mit List und Tücken
klug nutzen die Verordnungslücken,
die zwingt man nicht nur mit Gesetzen,
auch nicht durch das Gebote setzen.

Ein blühendes Gemeinschaftsleben
wird sich kaum aus dem Kampf ergeben
zwischen der Freiheit und dem Zwang.
Da fehlt noch der Zusammenhang
mit unserem Gewissensdrang,
der uns von innen her bewegt
und auch unser Verhalten prägt
zu ethischer Verantwortung
und friedlicher Verständigung.

Mit mehr moralischer Kraft
wird es wohl erst geschafft,
zur Solidarität zu finden
und alle dafür einzubinden,
die Krise ganz zu überwinden.

Ohne dass Altruismus
und auch mehr Idealismus
die Bürger innerlich beseelt,
würde das große Ziel verfehlt,
weil die Gesinnung dazu fehlt.

Die Krise der Finanzen

Die Krise der Finanzen
ist wohl ein Kern des Ganzen,
das völlig aus dem Ruder geht,
weil keiner mehr den Sinn versteht.

Der größte Teil vom Bankengeld
rennt immer schneller um die Welt.
Es wird dort pausenlos verkauft
und wieder rückgekauft
und keiner hat den Überblick,
was schließlich wieder kommt zurück.

Bei diesem finanziellen Raffen
wird überhaupt kein Wert geschaffen.
Man spekuliert nur auf Gewinn
ohne 'nen produktiven Sinn.
Und wenn der Kurs dann fällt
von dem geliehnen Geld,
dann bleiben oft nur Schulden.
Die Kunden müssen's dulden.

So geht's auch mit der Weltwirtschaft,
bei der es niemand heut mehr schafft,
sie souverän zu steuern
oder sie zu erneuern.

»Export-Weltmeister« sein,
wird jetzt zur allergrößten Pein.
Die Abnehmer für den Export
die produzieren jetzt vor Ort
und immer mehr probieren
unser Produkt zu imitieren.

Und andre kollabieren,
weil sie's mit Schulden finanzieren,
was sie von uns so importieren.

Man setzt auf neue Energie,
doch niemand weiß es, wie
so schnell wie nötig man
die Umstellung erreichen kann.

Der Glaube an den freien Markt
erlag schon dem Finanz-Infarkt.
Da schien es dann bequemer,
den Staat als Unternehmer
wieder zu akzeptieren
und ihn zum Zahlen zu verführen
– obwohl die staatlichen Banken
am allermeisten kranken.

Was täten wir ohne Geld
in der modernen Welt?

Wer bei uns etwas produziert,
muss sehen, dass es sich rentiert.
Er braucht ja mindestens das Geld,
das den Betrieb am Laufen hält.
Die Kosten jeder Produktion,
besonders auch der Arbeitslohn,
das muss erwirtschaftet werden,
sonst kann daraus nichts werden.

Wenn dann die Kosten steigen,
muss auch der Ausstoß steigen.
Und das Ergebnis kennt man schon:
Es wächst die Überproduktion.

Wenn aber stockt die Produktion
und damit auch der Arbeitslohn,
dann haben wir die Rezession.

Dann soll der Staat es richten
mit großen Bürgschafts-Pflichten.
Doch wie soll er ersetzen
Verlust von Arbeitsplätzen,
wenn doch, so wie bei allen,
auch Staats-Einnahmen fallen?

Und wenn er einfach druckt mehr Geld,
bewirkt er, dass der Geldwert fällt.
Das hatten wir auch schon:
Dann droht die Inflation.

Und ist der Binnenmarkt erst tot,
dann ist auch das System bedroht
durch Armut und durch Lebensnot.

Doch die Natur, die könnt es brauchen,
dass Schlote nicht mehr so sehr rauchen.
Und wenn dann mit den Jahren
nur wenig Autos fahren,
wird es den Schadstoff-Ausstoß mindern
und Klima-Kollapse verhindern.

Doch was heißt das für unser Leben?
Dann wird es noch mehr Armut geben
und Kampf ums nackte Überleben.

Das wird auch das Gefälle ändern
von reichen zu den armen Ländern.
Denn wir erreichen dann den Stand
von einem Neu-Entwicklungsland.

**An unsrer Gier
zerbrechen wir.**

Das Ziel ist meist das Geld,
das man im Nu erhält
durch bloßes Spekulieren
und skrupelloses Gieren
nach dubiosen Gewinnen,
die bald danach zerrinnen.

Sie nennen's Bonus und Tantiemen
oder Prozente-Nehmen
und auch mal Provisionen
zum üppigen Belohnen
bei inszenierten Geldgeschäften,
an die sich auch Betrüger heften.

Diese Kasino-Gier
wirkt wie ein Krebsgeschwür.
An ihr krepieren wir
als die moralischen Wesen,
die wir einmal gewesen,
als wir von harter Arbeit lebten
und nicht nach Spielgewinnen strebten.

Wenn Banker gierig spekulieren
und ihre Bank so ruinieren,
dass sie die Hoffnungen begraben,
die ihre Kunden in sie haben,
und wenn's dann eine Hilfe gibt,
die allen neue Chancen gibt,
und diese Banker lehnen's ab,
weil ihr Gehalt nimmt dabei ab,
dann ist das nicht zu akzeptieren,
weil wir die Werte sonst verlieren,
die im Gewissen noch gedeihen
und unserm Menschsein Sinn verleihen.

Wer glaubt denn hier zu Land
noch an den Sachverstand
von einem Bankvorstand?
Mit welchem Recht erwarten sie,
dass sie verdienen wie noch nie?

Bankrotte Banker sollten gehen
und keine Abfindung mehr sehen.
Nur so verschließen wir
dann dieser dummen Gier
die breite Eingangstür.

Doch jeder Börsenkrach,
der rüttelt uns auch wach,
in ihm erkennen wir
die Macht menschlicher Gier,
und wie die Sucht nach Geld
regiert heut unsre Welt.

Wir sind doch alle hier
anfällig für die Gier.
Darum auch brauchen wir
Barrieren für die Gier.

Damit man bleibt bescheiden,
muss man Versuchung meiden.
Das lockendste Versuchungsfeld
fürs Geld vermehren ohne Geld
sind diese Börsen in der Welt.

Um noch mehr Unheil zu verhüten,
muss man Geschäfte streng verbieten,
die ohne Durchblick uns belügen
und wegen Boni uns betrügen.

Je mehr Finanzsysteme schwanken
und dabei allzu viele Banken
an einer blinden Gier erkranken
und durch ihr Spekulieren
Geld und Kredit verlieren,
je mehr wird es jetzt klar:
es ist doch gar nicht wahr,
dass freie Märkte funktionieren
und sich von selbst so regulieren,
dass sie zu sichrem Wohlstand führen.

Wir brauchen mehr Kontrollen.
Doch wenn's die Bosse wollen,
dann werden sie die Wege finden,
sich trotzdem wieder auszuklinken,
um irgendwo in dieser Welt
zu scheffeln das begehrte Geld.

Erst wenn die Einstellung zum Geld
sich ändern wird in unsrer Welt
und wildes Spekulieren
wird zur Verachtung führen,
und wenn man nicht vergisst,
dass Geld ein Zahlungsmittel ist,
und nicht etwas, was man verkauft
und sich drum an der Börse rauft,
erst wenn, statt Zinsen zu verdienen,
mehr Menschen dem Gemeinwohl dienen,
und wenn die Gier nach Geld
nicht mehr regiert die Welt,
erst dann entgehn wir diesen
Finanz- und Börsenkrisen.

Wenn man hier etwas ändern will,
braucht man ein ehrenwertes Ziel
und neues Existenzgefühl.

Es geht jetzt manches schneller
und oft auch rationeller.
Doch was als Fortschritt wird geführt,
ist oftmals schon so kalkuliert,
dass nichts Vernünftiges passiert.

»Cross-Boarder-Leasing« heißt der Trick,
der aufkam als der letzte Chic
und als verdrehter Haushalts-Tick
der kommunalen Politik.

Man gibt zentrale Institutionen,
damit sie sich noch besser »lohnen«,
privaten US-Investoren
und hat dann aus dem Blick verloren
das Morgen und das Übermorgen.

Man sieht, wie es das Hirn verrenkt,
wenn man nur an Rendite denkt:
Die Investoren tuns doch nur,
das ist so ihre Raff-Natur,
weil sie dabei den Reibach machen,
– auch wenn die Bürgermeister lachen,
über die schönen Leih-Gebühren,
die sie zunächst im Haushalt führen.

Man legt dies Geld auch wieder an,
damit man das Verleaste dann
einmal zurück erwerben kann.

Sie freuen sich wie kleine Diebe
auf rationellere Betriebe.
Jedoch bei aller Liebe
zum ökonomischen Denken,

sollt' man doch auch bedenken:
Wo kommt das Geld denn her,
wenn alle beide mehr
und leichter dran verdienen?
Wer muss denn das System bedienen?

Kann das vielleicht nur gehen,
weil sie die Steuern so umgehen?

Und wer wird sich am Ende freuen?
Und wer wird alles dann bereuen,
wenn dieser Deal beendet wird
und einmal abgerechnet wird?

Niemals die Investoren,
die Bürger sind die Toren,
die müssen letztlich es bezahlen
– vielleicht erst nach den nächsten Wahlen.

Dann wird der Unmut laut,
der sich zusammen braut,
weil man sich ausgeliefert sieht,
der »Heuschrecke«, die sich bemüht,
ihre Rendite noch zu steigern
und einen Zuschuss zu verweigern.

Will's die Kommune dann noch wenden
und das Geschäft wieder beenden,
dann ist das Geld zum Teil verzockt,
das man hat dafür aufgestockt,
und bei dem Fond in USA
sind auch die Werke nicht mehr da,
und man vernimmt total entsetzt:
sie sind dort schon als Pfand versetzt.

Und wer muss dann die Zechen
am Ende wieder blechen?
Der Bürger und die Bürgerin!
Das ist doch aber nicht der Sinn,
zu zahlen letztlich den Gewinn
für clevere Investoren,
die haben diesen Deal geboren
und städtischen Besitz verloren.

Und die Kommunen sind die Toren,
die in dem Spekulierungs-Wind
in dieses Loch gefallen sind.

Die Frage, die sich letztlich stellt,
ist, was uns besser denn gefällt:
die Herrschaft der Finanz-Interessen,
die alles nach Rendite messen,
oder sich selber auszurichten
auf bürgerliche Einsatz-Pflichten?

Die Wirtschafts-Wachstums-Krise

Aus der Finanzmarkt-Krise
wird eine Absatz-Krise
und eine Wirtschaftskrise.

Man hat auf Wachstum bis zuletzt
als Wirtschaftsziel primär gesetzt,
obwohl die Halden platzen schon
vor lauter Überproduktion.

Wir brauchen Arbeitsplätze,
doch nicht die ganzen Schätze,
die sie uns ständig produzieren
und mit viel Aufwand offerieren.

Wohin die Überproduktion?
Wir haben doch fast alles schon,
was wir zum Leben brauchen.
Wenn wir noch mehr verbrauchen,
wird's nur die Umwelt schlauchen.

Der Ausweg hieß Export.
Wir schickten vieles fort
in alle Ecken dieser Welt,
wo unsre Ware noch gefällt.

Das kann nur so lang funktionieren,
bis auch die andren produzieren,
was wir jetzt exportieren.

Wir können die Fristen verlängern,
wenn wir die Technik schwängern
mit ständigen Innovationen,
die sich für Kunden lohnen.
Das heißt: Der Absatz ist
ein Absatz stets auf Frist.

Wir könnten nicht so leben,
würd es nicht andre geben,
die für ein besseres Leben
nach den Produkten streben,
die wir ihnen noch geben.

Das geht so lange gut,
wie's andern geht so gut,
dass sie uns auch bezahlen können
die Preise, die wir ihnen nennen,
weil wir die Arbeitskosten kennen.

Vielleicht, wenn sie mal zögern,
kann man sie doch noch ködern
durch hohe Provisionen
und kleine Korruptionen.

Bei einer globalen Krise
versagen aber auch diese
bekannten Möglichkeiten:
Denn es gibt Schwierigkeiten.
nicht nur der Konjunktur,
sondern der Grundstruktur.

Da gibt es dann die schiefe
verrückte Alternative,
dass unser armer Staat,
der so viel Schulden hat,
soll viele Gutscheine vergeben,
um Binnenmärkte zu beleben.

Die Bürger sollen ungeniert,
aus unsern Steuern finanziert,
so schnell wie möglich laufen,
um möglichst viel von dem zu kaufen,
was sie im Grunde gar nicht brauchen
und so Ressourcen nur verbrauchen.

Doch so ein künstlicher Markt
führt auch zum Staats-Infarkt.
Und wenn der Staat ist blank,
dann hilft uns keine Bank.

Ist das System nicht krank?
Es ist nicht mehr stabil,
die Fundamente sind labil.

Und immer mehr hinein zu stecken,
das kann die Gründe nur verdecken,
die letztlich in uns selber stecken.

Da hilft auch kein Verkündungs-Eifer
der Solidaritäts-Verkneifer.
Die Lage fordert es von allen,
die Gürtel enger jetzt zu schnallen.

Und ist es nicht die höchste Zeit,
dass endlich alle sind bereit,
zu richten ihren Lebensplan
statt auf den Wachstums-Wahn
auf kreativeren Elan?

Wenn man die Wirtschaft nüchtern nimmt,
ist sie auf »immer mehr« gestimmt
und nur auf Wachstum noch getrimmt.

Das Ganze kann nur funktionieren
durch permanentes Maximieren
von Leistung und von Produktion
und der Rendite und dem Lohn.

Das Geld, das wir stets brauchen,
damit die Schlote rauchen,
müssen die Banken besorgen,
indem sie's von denen borgen,
die zu viel davon haben.

Von deren Bankguthaben
solln sie's dann weiter geben
an die, die's brauchen für ihr Streben
nach »immer mehr« in diesem Leben.

Doch was wird, wenn die Sättigung
mal bremst Konsum und Fertigung?

Ein Stopp beim Produzieren
heißt Arbeitsplatz verlieren,
den Anspruch reduzieren
und Wohlstand fast halbieren.

Wenn's dann bei diesen Einschränkungen
gibt zugleich große Steigerungen
der Manager-Bezahlungen
und hohen Bonus-Zahlungen,
wer ist dann noch zufrieden
und hält sozialen Frieden?

Und wenn die Banken 's Geld verzocken,
weil windige Renditen locken,
und dann vom Staat Milliarden kriegen,
um die Verluste aufzuwiegen
und wenn sie trotzdem sich noch zieren
und nicht als Bank mehr funktionieren,
dann fehlt's an den Scharnieren,
die die zusammen führen,
die Gelder übrig haben
und die sie nötig haben.

Und so entsteht dann diese
Finanz- und Wirtschaftskrise.

Doch ein System, das dazu führt,
gehört ganz dringend reformiert.
Es darf die Gier nicht honorieren
und alle in Versuchung führen,
jeden Gemeingeist zu verlieren.

Die Wirtschaft ohne Werte
ist einfach die verkehrte.
Mit neuer Ordnung und Moral
versuchen wir es jetzt noch mal.

Die Wirtschaft lebt vom Schulden-Machen,
sonst würde sie zusammen krachen.
Man leiht sich Geld zum Maximieren
und hofft, es wird sich auch rentieren.

Man kauft auch Konkurrenten auf
und nimmt dazu Kredite auf.

Und wenn es mal passiert,
dass man falsch spekuliert,
dann leiht man einfach wieder Geld,
damit man sich am Leben hält.

Bei dem verrückten Schulden-Spiel
riskieren auch die Banken viel.

Doch wenn die Schulden-Blase platzt
und auch ein Rettungs-Schirm zerfatzt,
dann geht die Firma pleite;
leidtragend sind die Leute,
die ganz solide Arbeit schafften
und nun für Manage-Fehler haften.

Wenn es 'ne Schwächephase ist,
die nur vorüber gehend ist,
dann sollten Banken hilfreich sein
und springen mit Krediten ein.

Doch wenn die Bank sich nicht mehr traut,
nachdem sie so viel Mist gebaut,
und Banken selbst sich nicht mehr trauen
und nur auf Staates Hilfe bauen,
weil sie ihr Kapital verzockt,
dann ist der Kreislauf abgeblockt.

Und Schuld an der Misere
ist die total verquere
Geld-Spekuliererei
und Schulden-Macherei
in jenen Manager-Etagen
mit den Millionen-Gagen.

Wenn sie nach mehr Rendite gieren,
kann man die Großmanns-Süchte spüren,
die sie zum Leichtsinn so verführen.

Doch liegt's auch am System.
Das macht es zu bequem,
sich so verführen zu lassen,
um keinen Anschluss zu verpassen
an den Erfolg der Konkurrenz
beim Kampf um noch mehr »Effizienz«.

Wir sollten diese Schulden
nicht mehr so maßlos dulden,
dass Arbeitsplätze sie gefährden
und zu 'ner schlimmen Erblast werden.

Mauern und Grenzen fallen.
Globalisierung hilft uns allen,
begehrte Waren aus der Welt
zu kaufen mit reellem Geld.

Sie zwingt uns aber in vielen Fällen,
uns auch dem Wettbewerb zu stellen,
der von den andern Ländern
uns zwingt, uns selbst zu ändern,
um Wettkampf zu bestehen
und Konkurrenz zu überstehen.

Auch unser Bankengeld
rennt dauernd um die Welt
und kann dahin verschwinden,
wo wir es nicht mehr finden.

Im Internet spricht jedermann
in aller Welt die andern an.
Und unsre Daten sind bekannt
in mancher Gaunerhand.

Da wird's dann auch normal,
dass Krisen sind global.

Stirbt eine Bank in USA,
dann ist auch schon das Chaos da
in manchen andern Banken,
die auch bei uns bald wanken.

Und druckt ein Staat mal so viel Geld,
dass seine Währung ganz zerfällt,
dann droht bei uns auch schon
bald eine Inflation.

Wenn die Gefahren so auf Erden
global verbreitet werden,
dann sollten wir das Globalisieren
auch bei den Hilfen ausprobieren,
so dass die Menschheit sich verbündet
und ihre Maßnahmen verbindet.

Und dann gibt's auch die Chance
zu finden die Balance
zwischen globalen Gedanken
und helfen dem nächsten Kranken.

Die Nächstenliebe kann wichtiger werden,
je offener die Grenzen werden.

Statt sich ans »Immer mehr« verlieren,
wird's höchste Zeit zum Konzentrieren
auf das, was wirklich wichtig ist
und sinnvoll für die Menschen ist.

Schon in der Schule fängt es an:
Man hängt nur immer mehr noch dran
an hoch gestochnen Einzelheiten,
die man in immer kürzren Zeiten
in arme Schülerköpfe paukt
– was jedes Sinnverständnis raubt.

Die Produktion schafft Firlefanz
in einem Komplettierungs-Tanz,
statt jetzt auf neue Energien
und zielbewusste Synergien
für klare sinnvolle Funktionen,
die sich auch für die Menschen lohnen,
und die auch einfach funktionieren,
sich endlich mehr zu konzentrieren.

Statt nur nach Kurz-Profit zu gieren,
gilts Dinge jetzt zu konzipieren,
die zu was Wesentlichem führen.

Und was das Wesentlichste war,
war einfach stets und klar.

Zu machen weniger Miese,
ist auch ein Weg aus der Krise.

Mach doch das nicht mehr mit,
zu kaufen auf Kredit!

Wenn ich dann etwas haben will,
dann halte ich so lange still,
bis ich das Geld zusammen hab
und zahle keine Schulden ab.

Das Schulden-Machen ist ein Übel.
Es ist im Grunde nur plausibel,
wenn ich bevor ich sterbe
ein eignes Haus erwerbe
und dann für viele Jahre
Mietzahlungen erspare
und dafür dann die Rate zahle,
die grade noch für das normale
Zusammenleben Spielraum lässt,
so dass ich zahlen kann den Rest
auch noch in absehbarer Zeit
und wohn von Schulden dann befreit
noch während meiner Rentnerzeit.

Könnten's die Manager nicht ähnlich machen:
Statt ständig Schulden neu zu machen
für ständige Erweiterung
und überzogne Steigerung,
die ihnen bringt Bereicherung,
möglichst Kredite nur zu nehmen
bei echten Neuerungs-Problemen?

Wenn aber alle nur ein Leben
so skrupellos auf Pump erstreben,
dann wird das eine Blase geben,
die platzt mit einem Krisen-Beben,
wie wir es eben schon erleben.

Um Wirtschaftskrisen zu beheben,
soll man die Konjunktur beleben.

Wir könnten einen Beitrag leisten,
wenn wir nicht so ins Ausland reisten,
um dort den Urlaub zu verleben
und die Millionen auszugeben,
die unsrer Binnenwirtschaft fehlen.

Wir könnten dann nur nicht erzählen,
in welchen Ländern wir gewesen
und wie exotisch das gewesen.

Mit fernen Ländern anzugeben,
statt hier die Wirtschaft zu beleben
und Arbeitsplätze zu erhalten
und Renten für die Alten,-
ist das nicht die Methode
und typisch deutsche Mode,
die wir uns nicht mehr leisten sollten,
wenn wir die Krise stoppen wollten?

Nur eines scheint ganz klar zu sein:
Die Bosse nehmen stets mehr ein
als sie durch Leistung je verdienen;
und immer wieder gibt man ihnen,
auch wenn sie ganz erfolglos schienen,
als Rückversicherung
'ne hohe Abfindung.

Wenn sie mit großem Geld hantieren
und ohne Durchblick spekulieren
und andre Menschen ruinieren,
dann sollten kritisch sie kapieren:
sie dürfen selbst nicht profitieren,
wenn andere ihr Geld verlieren.

Die eigne Leistung zu gewichten,
heißt dann auf Boni zu verzichten
und wenn sie schon so viel vergeigen,
mal von dem hohen Ross zu steigen
und bitten um Entschuldigung
und streben nach Verbesserung
und auch nach Wiedergutmachung.

Wir sehen stets nur diese
Finanz- und Wirtschaftskrise
und wollen Banken und Firmen stützen
durch finanzielle Stärkungs-Spritzen.

Dabei kann man doch längst schon sehn,
wir müssen sehr viel weiter gehn:
Es geht nicht um die Wirtschaft nur,
es ist 'ne Krise der Kultur.
Die trifft auch ganz total
die herrschende Moral.

Es wird drum nicht viel nützen,
wenn wir die Banken stützen.
Dann geht's nur immer weiter
mit gleichem Ross und Reiter.

Wir müssten jetzt in unsern Ländern
die Einstellung zum Leben ändern:
Bleibt es noch länger erstes Ziel,
zu scheffeln Gelder möglichst viel,
dann gibt es wieder keine Wende
und wir sind wieder bald am Ende.

Ja, unser Kapitalismus
baut auf den Egoismus.
Doch er wird auch zugrunde gehn,
beginnen wir nicht einzusehn:
Wenn nur die Gier bei uns regiert,
ist das System bald ruiniert.
Wir brauchen Maß und Grenzen,
um Wildwuchs zu begrenzen.

Die Selbstsucht braucht's zum Motivieren,
doch darf sie niemals dominieren
über Gemeingeist und Kultur.

Da hilft uns die Balance nur
und ein vernünftiges Regieren,
bei dem wir's nicht noch mal riskieren,
durchs nur noch nach Rendite gieren
die Anstands-Maße zu verlieren.

Das ökonomische Denken
gilt's auf die Wirtschaft zu beschränken.
Fürs menschliche Zusammenleben
muss es ganz andre Ziele geben.

Das Wochenende
nimmt kein Ende.
Der Arbeitsplatz bleibt leer
und Jobs gibt's keine mehr.

Zunächst gab es noch Kurzarbeit,
doch jetzt gibt es schon weit und breit
nur noch die »arbeitsfreie Zeit«,
die sich so endlos dehnt,
dass man sich nach Malochen sehnt.

Und auch zum Fahren in die Welt
fehlt jetzt erst recht das Geld.

Wenn die Fabriken stehen still,
weil keiner mehr das kaufen will,
was wir bisher geschaffen haben,
dann tut sich auf ein breiter Graben
der Dauer-Arbeitslosigkeit
und tiefen Hoffnungslosigkeit.

Verdammt noch mal, das geht doch nicht.
Ist es nicht unser aller Pflicht,
statt schon zu kapitulieren,
etwas zu organisieren
mit kreativer Kraft,
was neue Arbeit schafft?

Das Alte nur zu restaurieren
wird uns nicht aus der Krise führen.

Wie wär's mit konzentrieren
aufs neue Produzieren
von einer Energie,
so sauber wie noch nie,
aus Sonnenkraft
und Wasserkraft
und aus der Erde und dem Wind,
die doch genug vorhanden sind.

Wir sollten mehr Motoren bauen,
die nicht die Umwelt so versauen,
und Autos, die ganz abgasfrei
auch fahren ohne CO2.

Wir müssen Techniken kreieren,
die neu die Menschen faszinieren,
weil sie beim Kommunizieren
oder beim Transportieren
zu neuen Qualitäten führen.

Dann würden sich auch lohnen,
humane Service-Stationen,
die auf verschiedenen Gebieten
dringende Hilfen bieten.

Ich denke auch, es wäre
zur Überwindung der Misere
ganz wichtig eine Fortbildung
und kräftige Ermutigumg
zu Kreativität
und Solidarität

bei der Entwicklung von Ideen,
die neue Wege gehen
zu kühnen Innovationen
und neuen Produktionen.

Und wie steht's mit der Klima-Krise?

Was wird aus der Natur?
Die plündern wir doch nur.
Und wir verbrauchen immer mehr,
als ob die Welt unendlich wär.

Je üppiger wir leben,
je weniger wird's geben
für andre Generationen
und ärmere Regionen.

Je mehr im Osten und Westen
wir heut die Luft verpesten,
je mehr leben die Kinder
riskant und ungesünder.

Je mehr wir Energie verzehren,
je mehr das Klima wir zerstören,
je mehr wird die Natur sich rächen
und unsre Lebenswelt zerbrechen.

Das Klima das wird wärmer
und viele Menschen ärmer.

Und dann wird immer mehr
auch überall das Meer
das Land zurück sich holen,
das wir so unverhohlen
verbaut und ihm gestohlen.

Wir müssen jetzt bescheiden werden
und maßvoll leben hier auf Erden
und unsre eigenen Interessen
viel öfter auch einmal vergessen,
und statt nur an uns selbst zu denken
die Zukunft unsrer Welt bedenken.

Die Krise zwingt zu dieser Wende,
sonst ist die Menschheit bald am Ende.

Und wie wird's mit der Steigerung
der ganzen Weltbevölkerung?
Die alle wollen sich ernähren
und auch was Richtiges verzehren.

Sie müssen aber entbehren.
was Unwetter zerstören,
auch weil sie Raubbau treiben
und keine Wälder bleiben.

Das Wasser wird zum knappsten Gut,
weil Dürre in der Sonnenglut
ist nicht für Fluss und Seen gut
und weil auch keine Regenflut
macht diesen Schaden wieder gut.

Das enge Leben hier auf Erden
kann dann zu einem Schlachtfeld werden.
Es wird kaum Sicherheit mehr geben,
wir werden Hack-»Ordnung« erleben
bei diesem Kampf ums Überleben.

Wolln wir dies Chaos und dies Leiden
und diesen Untergang vermeiden,
dann braucht es Initiativen
für bessre Alternativen.

Gegen die große Wassernot
gibt es ein klares Angebot:
Das Meerwasser entsalzen.
Dann könnt man mit den Salzen,
auch noch Gewinne machen
für umweltfreundlichere Sachen.

Wir müssen uns viel mehr bemühen,
erneuerbare Energien
an allen Orten einzusetzen
und Umwelt-Töter zu ersetzen.

Man kann auch Autos konstruieren,
die keinen Schadstoff mehr kreieren.

Je mehr Verbraucher wir hier kriegen,
je mehr muss Umweltschutz jetzt siegen.

Kanns Nachlassen der Konjunktur
entlasten unsere Natur?

Wenn weniger Autos fahren
und der Transport von Waren
wird stärker reduziert,
wird Schadstoff-Ausstoß minimiert.

Je mehr wird produziert,
wird Umwelt ruiniert.

Geht's mit der Wirtschaft mal bergab,
bringt das die Umwelt neu auf Trab,
und geht's wieder bergauf,
dann geht die Umwelt dabei drauf.

Wird dann die Umwelt nur befreit
durch starke Arbeitslosigkeit,
dann sind wir bald am Ende.

Wir brauchen eine Wende
zu einer andern Produktion,
die schafft die Umstellung bald schon
zum Abgas ohne CO_2
und Autofahren schadstoff-frei.

Um Raubbau zu beenden
und nichts mehr zu verschwenden
von der uns tragenden Natur
bleibt uns als Ausweg nur
die neue Energiekultur.

Besonders Sonnenenergie,
die nutzen wir so gut wie nie
für Licht und Wärme richtig aus
an Arbeitsplätzen und zu Haus.

Die Technik hier oft lief
zu wenig kreativ,
um nicht nur Neues zu verkünden,
sondern was praktisch zu erfinden
und eine Fertigung zu gründen.

Auch der Sozial-Staat ist bedroht

Wenn der soziale Staat
einmal kein Geld mehr hat,
was wird dann aus dem Wohlfahrts-Traum?
Er schien ein bunter Weihnachtsbaum,
der glitzerte im Kerzenschein
und lud stets zur Bescherung ein.

Jetzt gehn bei ihm die Lichter aus
und er sieht gar nicht schön mehr aus,
und die Geschenke bleiben aus.

Der Traum, dass jedermann
nach oben kommen kann
durch eigne Tüchtigkeit,
der weicht der Wirklichkeit
der Arbeitslosigkeit.

Auch wer auf Sicherheit noch spekuliert,
die ihm der Staat groß garantiert,
der muss diesen Erwartungs-Glauben
erheblich jetzt herunter schrauben.

Und wer auf Pump noch rum jongliert,
jetzt immer häufiger riskiert,
dass Geld er und Besitz verliert.

Der Kapitalismus-Traum
ist wie ein ausgebrannter Baum,
der seinen Glanz verloren hat
im Elendsviertel jeder Stadt.

Auch das soziale Einheitslied,
dass einer ist des andern Schmied
und dass man solidarisch dann,
sich auf die andern stützen kann,
das stimmt man heute kaum noch an.

Jetzt scheint die Grenze schon erreicht,
wo's Geld nicht mehr für alles reicht,
und wo die vielen Gaben,
die alle wollen haben,
den Haushalt untergraben.

Man fordert immer mehr
und müht sich zugleich sehr,
die Steuern noch zu senken,
um nichts dem Staat zu schenken.
Der würde längst zusammen krachen
ohne das große Schulden-Machen.

Der Staat soll alles richten,
durchs Schuldenberg-Errichten.

Das wird die Chancen vernichten
schon für die eignen Kinder
und deren Kindeskinder.

Es darf doch einfach nicht passieren,
dass wir nur weiter funktionieren,
wenn wir die Zukunft ruinieren.

Die Konsequenz dann zwingend ist,
dass eine Wende nötig ist.

Wenn der demokratische Staat
auch die Verpflichtung hat,
für mehr Gerechtigkeit zu sorgen
für heute wie für übermorgen,
dann fängt's schon bei den Löhnen an,
die man kaum noch vergleichen kann.

»Die Leistung soll sich lohnen«,
das ist ein schöner Spruch.

Doch darf man's dann belohnen,
wenn alles geht zu Bruch,
weil hoch bezahlte Nieten
der Firma nur Verlust gebracht,
dass dann doch diese Nieten,
die so viel falsch gemacht,
sich selbstgerecht noch überbieten
mit dem Gewinn, den sie gemacht?

Warum zählt »Leistung« so viel mehr
beim Boss als bei dem Sekretär?

Warum nur misst man sie
so nach der Hierarchie?

Je weiter oben du heut bist,
je höher die Vergütung ist,
auch wenn du baust den größten Mist.

Die Spanne ist beim Lohn
oft Eins zu Tausend schon.
Würd es nur nach der Leistung gehn,
dann wär sie höchstens Eins zu Zehn.

So hats noch Robert Bosch gehalten:
Nur höchstens zehnmal mehr behalten
als seine Arbeiter erhalten.
Und wenn dann Krisen mal entstehen,
sie lösen durch Zusammenstehen.

Doch heut für Löhne wichtig ist:
wie nah du am Verteiler bist.

Und keiner fragt dann mehr:
Wer leistet denn wohl mehr?
Beim Lohn man unterscheidet,
wer übers Geld entscheidet
und wer darunter leidet.

Bei dem Gewinn privatisieren
und den Verlust sozialisieren,
kann man das Maß verlieren
das dem Gemeinschaftswohl gebührt,
– was dann in eine Krise führt.

»Warum soll man denn selbst was tun,
statt sich bequemer auszuruhn
in den sozialen Hängematten,
die »Selbstverwirklichung« gestatten?

Und warum soll man nicht versuchen,
ganz zu behalten seinen Kuchen,
statt davon etwas abzugeben,
damit auch andre besser leben?«

Das zwingt zur Selbstbesinnung
auf eine andre Staatsgesinnung
und endlich wieder mal,
auf bessere Sozialmoral.

Man sieht bei jedem Vergleich:
Die Kluft zwischen Arm und Reich
wird heute immer breiter,
und das geht stets so weiter.

Die Kluft wird's immer geben,
doch das soziale Streben
müsste mehr Chancen geben,
dieses Gefälle auszugleichen,
besonders bei den Super-Reichen.

Man muss im rechten Vorstand sein,
– da kommt man mit Beziehung rein–
dann kann man ziemlich sicher sein,
dass man bald schwimmen wird im Geld,
– selbst wenn man auf die Nase fällt
und wenn die Manager-Aktionen
sich für die Firma garnicht lohnen,
weil sie nur Zukaufs-Kosten
und Arbeitsplätze kosten.

Was ist die Vorstandsarbeit wert,
wenn Arbeitsplätze fallen?
Was ist die harte Arbeit wert
in den Montagehallen?

Wenn mehr als 50 000
der Boss im Monat erhält,
und nicht einmal 3000
sein Arbeiter behält,
dann ist die Relation
von Leistung und von Lohn
nur noch der reinste Hohn.

Wer so viel Geld erhält,
obwohl die Firma fällt,
wenn dem nicht das Gewissen juckt,
wenn er im Spiegel sich beguckt,
der ist zutiefst gewissenlos
und er verdient das gleiche Los
wie seine Leute: arbeitslos
mal von »Hartz 4« zu leben bloß.

Da wird von Managern gesagt,
dass dies sie nur ins Ausland jagt,
wo viele dort von ihnen
oft noch viel mehr verdienen:

Lasst sie doch ruhig gehen
auf Nimmer-Wiedersehen.
Wir haben uns entschieden
für den sozialen Frieden,
und der hängt nun einmal
an Anstand und Moral.

Es geht hier nicht um Neid,
doch um Gerechtigkeit.
Und deshalb müsst der Staat auch hier
begrenzen diese Vorstands-Gier.

Wer kann's den Arbeitern verdenken,
dass sie Gewerkschaftsfahnen schwenken
und einen größren Anteil wollen,
wenn's Management lebt so im Vollen?

»Die führen doch ein Luxusleben
und können maßlos Geld ausgeben.
Wenn die im Überflusse leben,
solln sie uns unsern Anteil geben.«

Das sind Gefühle der Wut,
die sind politisch nicht gut.
Sie kosten Sympathie
für unsre Demokratie.

Doch die so heftig protestieren,
würden die selber sich genieren,
würd' man sie mit Millionen
als Bonus-Geld belohnen?

Und warum protestieren sie
gegen die Millionäre nie,
die scheffeln so viel Geld
auf ihrem Fußball-Feld?

Weil wir doch alle spüren:
Wir sind leicht zu verführen,
verschließen wir die Türen,
die zur Versuchung führen.

Das Übel ist doch das System,
das macht es vielen zu bequem,
sich korrumpieren zu lassen
und's gerne zuzulassen,

dass langsam überall
fällt Fairness und Moral.

Wir müssen uns bescheiden
für ein System entscheiden,
das nicht mehr so verführt,
dass man das Maß verliert
und nur nach Mehr noch giert.

Unser System braucht mehr Besinnung
auf die soziale Staats-Gesinnung
und auf unser Gewissen,
das wir beachten müssen,
sonst ist in ein paar Jahren
die Wirtschaft an die Wand gefahren,
die so sehr auf Profitgier steht,
dass die Moral zum Teufel geht.

Ich glaub nicht, dass es stimmt,
was man so oft vernimmt,
dass es im Wirtschaftsleben
nur noch Erfolg kann geben,
wenn man ganz skrupellos
sucht seinen Vorteil bloß.

Kommt man mit Redlichkeit
nicht meist genauso weit?

Bleibt dir ein Kunde denn gewogen,.
den du hast übern Tisch gezogen?

Und wo hat ein Berater schon,
der nur fixiert auf Provision
die Kunden hinters Licht geführt,
davon auf Dauer profitiert?

Denn das Vertrauen ist nun mal
so wichtig wie das Kapital.

Wer Mitarbeiter schikaniert,
muss wissen, dass er es riskiert,
dass er die Besten bald verliert.

Und ist der Ruf mal ruiniert,
wird man auch nicht mehr respektiert,
egal welches Geschäft man führt.

Mit Anstand kommst du weiter
und kannst dabei noch heiter
den Partnern in die Augen sehn,
die dann auch weiter zu dir stehn.

Der Fortschritt ist uns lieb und teuer,
und doch ist er uns nicht geheuer.

Wir sollen uns nur freuen
an ständig immer neuen
technischen Möglichkeiten
und aufgemotzten Neuigkeiten
-und hängen doch am Alten
und möchten es behalten.

Das Leben wird bequemer
und doch nicht angenehmer
mit all den neuen Dingen,
die neue Zeiten bringen.

Man hat mit Dingen doch gelebt
und Unvergessliches erlebt.

Mit den gelebten Dingen
kann Zeiten man verbringen,
die von Erinnerungen singen
und Wärme in das Dasein bringen.

Das Leben wird zum Balancieren
zwischen den Fortschritt akzeptieren
und doch Vertrautes nicht verlieren.

In dem Vertrauten geborgen
kann man sich öffnen fürs Morgen.

Wenn wir nach Unbehagen
in unserm Alltag fragen,
dann hört man häufig klagen,
dass zu viel Automaten
ersetzen unsre Taten.

Je mehr wir nur noch Tasten drücken,
statt Menschen freundlich zuzunicken,
je kälter wird die Lebenswelt,
in der nur Einsparung von Geld
und Rationalisierung zählt.

Man sprach sich an mit Namen,
bevor Kennziffern kamen.
Man wurd in jedem Laden
persönlich noch beraten.

Die Post, die wurde ausgetragen
zweimal an allen Arbeitstagen.
Und Postämter gabs überall
und Briefkästen in großer Zahl.

Auch in der kleinsten Vorort-Bahn
traf man bekannte Schaffner an,
die nahmen sich der Gäste an.

Auch in den größren Läden
kannt jeder von uns jeden.

Man konnte auch als Alter
noch an dem Bahnhofs-Schalter
sich seine Fahrkarte besorgen
und auch mit den Verbindungs-Sorgen
persönlich sich beraten lassen

und stand nicht da, allein gelassen
vor komplizierten Automaten,
die öfters auch nicht richtig taten.

Es gab in jedem Wohnrevier
auch noch ein Polizei-Revier.
Es gab viel Solidarität
und wenig Kriminalität.

Beim Tanken wurde man verwöhnt,
man war an Service so gewöhnt,
man konnte einfach sitzen bleiben
und nur beobachten das Treiben
bis zu dem Putzen seiner Scheiben.

Man ist nicht rumgejetet,
man war noch eingebettet
in eine vertraute Enge
ohne modernes Gedränge.

In dem gemeinen Wesen
ists spießig oft gewesen.
Man hörte über jeden
auch neugierig mal reden.
Doch Arbeit gab's für jeden,
weil Service kam auf jeden Fall
von andern Menschen überall.

Es galt ja auch noch das Gebot
der Anteilnahme in der Not.

Und kam man mal ins Krankenhaus
wurd man gepflegt fast wie zu Haus.

Und heut? Statt dass ich mal zu Nachbarn geh,
sitz stundenlang ich vorm PC.

Und suche ich mal schon
Auskunft am Telefon,
dann antwortet ein Automat
und hat 'nen Tastendruck parat,
der reagiert dann überall
nach einem Musterfall,
sieht nicht den Einzelfall.

Wenn Dienstleistung wird heut serviert
durch Technik rationalisiert,
und nichts durch Menschen mehr passiert,
dann führt das als Ergebnis
zu dem Verlust-Erlebnis,
dass Arbeitsplätze man verliert
und dass nach kurzer Zeit
auch stirbt die Menschlichkeit.

Die »gute alte Zeit«
ist längst Vergangenheit,
doch ihre Menschlichkeit,
die fehlt uns leider heut.

Wir stehen jetzt vor dem Problem,
zu reformieren ein System,
indem wir's rationalisieren,
ohne die Nähe zu verlieren,
die uns mit anderen verbindet
und Solidarität begründet.

Es gibt noch viele Dienstleistungen
und dringende Versorgungen
mit Hilfe und mit Wissen,
die viele heut vermissen.

Zum Arbeitsmangel überwinden
gilts Arbeitsplätze zu erfinden,
die neue Möglichkeiten nützen,
um Menschen vor mehr Stress zu schützen.

Es wird doch alles komplizierter
und vieles automatisierter,
man findet keinen Menschen mehr,
der da noch eine Hilfe wär.

Je mehr jetzt hier auf Erden
die Menschen älter werden,
je größer muss der Service werden.

Den andern Menschen mehr zu dienen
und so den Unterhalt verdienen,
schafft das nicht auch Beschäftigungen,
die bringen uns Erleichterungen
und können manche Sorgen nehmen,
auch bei den Arbeitsmarkt-Problemen?

Mitmenschen Dienste leisten
entspricht doch auch am meisten
dem christlichen Gebot,
zu helfen in der Not.

Könnt das nicht neue Chancen geben,
zum kreativen Überleben?

Es gäb so viel zu tun,
man müsste es nur tun!

Auch die Gemeinden umgestalten
für die Behinderten und Alten:
Die brauchen überall beizeiten
bequeme Sitzgelegenheiten.
Und all die hohen Stufen
nach Einebnungen rufen.

Und wo ein Fahrstuhl fehlt,
werden Behinderte gequält
mit hohen Treppenstiegen,
die meist auch noch so liegen,
dass man sich nirgends setzen kann,
wenn man mal nicht mehr weiter kann.

Doch woher kommt dafür das Geld?
Steckt auch der Teufel hier im Geld?

Vielleicht könnt' man gezielt betonen,
dass solidarische Aktionen
sich hier doch ganz besonders lohnen,
weil wir auch alle älter werden
und davon profitieren werden.

Man könnt bei denen Steuern stutzen,
der neue Energien nutzen,
das könnt' auch etwas bringen,
um uns voran zu bringen.

Doch müssten wir in unsern Ländern
vor allem unser Leben ändern
zu Fairness und Bescheidenheit
und kreativer Offenheit.

Die aufdringliche Medienwelt

Die aufdringliche Medienwelt
ist auch ein neues Krisenfeld.

Denn diese neue Medien-Welt
ist doch nicht das Erfahrungsfeld,
in dem wir wirklich leben.
Die virtuelle Bilderwelt
ist eine Welt daneben.

Sie fesselt unsre Phantasie
und lenkt uns meistens ab.
Sie hilft uns selten oder nie
und bringt uns nicht auf Trab,
um uns zu engagieren
beim Lösen von Problemen,
die ganz real wir spüren
als Überlebens-Themen.

Da wird uns vorgespielt
'ne schöne Glamourwelt
und es wird auch gezielt
gemordet und gequält
in Krimis und in Horrorszenen.

Und auch das Spielen um viel Geld
wird hochgespielt von denen
aus einer Moderatorenwelt,
die sich vor allem selbst gefällt.

Es geht um »Unterhaltung«
mit seichtem Tralala.
Für spannende Gestaltung
sind dann die Krimis da.

Wo's mal um Lebensfragen geht,
da werden sie verkürzt,
mit Rührung leicht verdreht
und mit Skandal gewürzt.

Und statt zu animieren
zum produktiv Sich-Engagieren,
wirkt manche Sendung dann
wie Opium und Baldrian.

Dass Unterhaltung ist so wichtig
und wir darauf versessen sind,
das zeigt, dass wir nicht richtig
und sinnvoll ausgelastet sind.

Aus Mangel an sinnvollen Sachen
muss man dann so viel Wind
auch mit Computer-Spielen machen.

Sind wir denn hier auf Erden,
um so unterhalten zu werden?

Dabei ruft die moderne Welt
mit Überlebensproblemen,
die nicht allein mit Geld
uns heut in Anspruch nehmen,
nach kreativeren Ideen
und dass wir jetzt zusammen stehen
und voll uns engagieren,
um einen Kampf zu führen,
der uns in Atem hält
für eine bessre Welt.

Man muss zwar lange suchen
im bunten Medien-Kuchen,
doch immer öfter findet man
dann abseits von dem Quoten-Run
auch manche Denkanregungs-Sendung,
die mit 'ner klaren kühnen Wendung
packt unsre Grundprobleme an.

Die große Fernseh-Politik
hält nichts von diesem »Bildungs-Tick«.
Sie fördert mehr den Fernseh-Star,
der immer Quotenbringer war
mit überzognem Honorar.

Da wurden auserkoren
so manche Moderatoren
und Kriminal-Autoren,
die brachten spannendes Getingel
und eitles Wortgekringel.

Das Fernsehn soll uns nicht erziehen,
doch sollt es uns nicht runterziehen
auf so viel leeres Stroh
auf unterstem Niveau.

In der realen Politik
ist Populismus noch verpönt,
in unsrer Medienpolitik
hat man sich längst schon dran gewöhnt.

»Ist diese Werbung nicht ein Graus?
Mach doch das Fernsehn endlich aus,
sonst kommt diese Reklame
mit dieser rausgeputzten Dame
gleich hier in unserm Saale
auch noch zum vierten Male«.

Da buhlen diese Fernsehsender
um möglichst viele Firmenspender.
Doch deren Werbung stört dann sehr
und das Niveau sinkt mehr und mehr.

Wie wär's mit einer Einblendung:
»Jetzt kommt die Werbesendung,
die dauert vier Minuten,
da könnt ihr euch jetzt sputen,
den Bildschirm einmal auszuschalten
und statt die Werbung auszuhalten
mal wieder aufzustehn
und nach der letzten Post zu sehn
oder noch mal aufs Klo zu gehn.
Dann kommt ihr wieder heiter
und das Programm geht weiter.«

Wer wird dann noch so blöde sein
und zieht sich diese Werbung rein?

Die Meinungs- und die Schreib-Freiheit
wächst die in unsrer Medienzeit?

Die Medien jeweils lenken
das allgemeine Denken.

Gibt es nicht auch noch Fälle
massiver Medien-Kartelle?

Ist nicht die »öffentliche Meinung«
nur die veröffentlichte Meinung,
die unser Denken stark bestimmt
und uns auch die Courage nimmt,
selbst kritisch nachzudenken
und die »correctness« mal zu kränken?

Das schwierigste Problem
ergibt sich wohl aus dem
Verhältnis zur Vergangenheit,
besonders zu der Nazi-Zeit.

Man kann über alle Verbrechen
verstehen-suchend sprechen,
nur über »Nazis« nie
ohne mediale Hysterie.

Ist es nicht geistig primitiv,
die »Nazis« nur als Kollektiv
zu sehen und verdammen
-auch mit Millionen zusammen,
die idealistisch-blind
nur mitgelaufen sind
in einer Zeit des Nationalismus
und nationalen Sozialismus?

Man kann Geschichte nicht kapieren
ohne genau zu Differenzieren.

Gut und Böse, schlecht erkannt,
erscheinen manchmal eng verwandt.

Es gibt doch keinen Zweifel,
dass Hitler war ein Teufel
mit seinem Juden-Hass
und niemand zweifelt, dass
er hat Gehilfen gefunden,
die Juden zu Tode geschunden.

Doch wer beim Holocaust drum streitet,
ob die Vergasung war verbreitet
im Umfang wie zum Teil berichtet,
und ihren Anteil falsch gewichtet,
der wird im Blätterwald gerichtet.

Und wer an den, der so verblendet,
auch noch Barmherzigkeit verschwendet,
der erntet viel Verdruss
durch diesen Medien-Beschuss.

Wenn das sogar dem Papst passiert,
ist klar, dass man den Mut verliert
und niemand es noch mal riskiert.

Sind wir da so verklemmt,
weil uns ein Schuldgefühl noch hemmt?
Kann man denn dies Tabu nicht sprengen
statt's noch in ein Gesetz zu zwängen?

Ist's eine Angst, die daraus spricht:
man traut dem eignen Volk noch nicht,
und fürchtet, dass man's neu verführt,
wenn man an Nazi-Zeiten rührt?

Heißt aber Redefreiheit nicht,
dass man auch offen drüber spricht,
warum so viele mitgemacht,
als Hitler damals kam zur Macht,
auch Menschen so wie ich und du
und kluge Leute auch dazu,
die später Widerständler waren
oder dann in den Nachkriegsjahren
aufrechte Demokraten waren?

Heut wird mit »Nazis« assoziiert,
sie hätten, allzu leicht verführt,
bewusst zum Holocaust geführt.
Was mit Millionen Juden geschah,
in kriegerischen Wirren,
geführt von einem Irren,
war aber vielen nicht bekannt,
-sonst wären sie nicht mit gerannt.

Das öffentliche Bewusstsein
war damals anders besetzt.
Da ging's um Sein oder Nichtsein:
Wer war wieder tot oder verletzt
durch Bomben oder an Fronten,
die wir nicht halten konnten
-um Judenmorde gings zuletzt.
Was damals die Medien verdrängt,
massiv von Zensur gedrängt,
wird heut an die Glocke gehängt.

Das ist ja auch ganz wichtig.
Doch ist es deshalb richtig,
dass wir das heutige Wissen
auf Menschen übertragen müssen,
die damals haben gelebt
und haben's anders erlebt?

Durch solches Projizieren
und Ideologisieren
kann man das Maß verlieren,
um klar zu unterscheiden
und das Pauschal-Urteil zu meiden
über die Schicksals-Generation
einer betrogenen Nation.

Man kann verschiedner Meinung sein
und deshalb auch verfeindet sein,
doch wer 'ne Meinung unterdrückt,
und scheint sie ihm auch ganz verrückt,
kann's sein, dass der vielleicht verkennt,
was uns von Diktaturen trennt?

Hast du die Zeitung schon gelesen?
Da ist von mir was drin gewesen!

Hier auf der fünften Seite:
Guck doch: In aller Breite
steht da doch lobend drin,
wie lang ich schon im Vorstand bin.

Das Bild von mir ist zwar nicht schön,
doch alle Nachbarn werden's sehn.

Man fühlt sich doch herausgehoben,
wenn sie dich in der Zeitung loben.
Sind wir nicht alle scharf darauf,
zu fallen vor den andern auf?

In Medien Anerkennung kriegen,
ist ein besonderes Vergnügen:
Ein bisschen Eitelkeit
und Nachbars Neid
verstärken die Zufriedenheit.

Es kann wohl keinen Fortschritt geben,
bei dem nicht manches geht daneben.

Sie lernten nur noch dealen
und am Computer spielen,
bis sie mit ziemlich vielen
dann durchs Examen fielen.

Sie ließen sich verlocken,
im Internet zu zocken
und sind dann von den Socken,
wenn sie auf Schulden hocken.

In diesen kritischen Lagen
muss man schon was ertragen,
doch statt sich zu beklagen
sollt man in solchen Tagen
'ne Rückbesinnung wagen
auf jene andern Zeiten,
die Wärme zu verbreiten
noch herzlicher vermochten,
weil Menschen öfters mal
sich auch noch treffen mochten
ganz hautnah und real
und nicht nur medial.

Ist das zu konservativ?
Liegt man damit ganz schief?

Wir wollen's präzisieren:
Bei allem Technisieren
und Computerisieren
sollte es einfach nicht passieren,
dass wir die Menschlichkeit verlieren.

Ein jeder weiß und tut es kund:
Man redet nicht mit vollem Mund.
Das ist bereits ein alter Zopf,
doch viele tun's mit leerem Kopf,
und das fast automatisch schon,
sehn sie vor sich ein Mikrophon.

Dass das so häufig jetzt passiert,
das wird schon gar nicht mehr moniert.

Doch dass dann die Experten auch
so sprechen aus dem hohlen Bauch,
das zeigt doch, dass es schwierig ist,
zu meiden diese Talkshow-List,
selbst wenn du ein Experte bist.

Du musst, auch wenn du gar nichts weißt,
so tun als ob du's besser weißt.

Die rechten Phrasen medienweit
geschickt platziert zur rechten Zeit,
dann ist der Ruhm bald nicht mehr weit.

Experten sind im ganzen Land
als unentbehrlich wohl bekannt.

Doch wer in seiner Wissenschaft
oft fachlich so viel Gutes schafft,
der tut sich häufig schwer
und stümpert doch oft sehr,
soll er es anderen erklären,
die gerne aufgeklärter wären.

Die Techniker sind da ganz groß:
Was denken die sich bloß,
wenn sie bei den Erklärungen
und in Gebrauchs-Anleitungen
für Laien was erklären wollen,
was die dann auch verstehen sollen?

Bei PC-Schwierigkeiten
kann man auf hundert Seiten
von den Computer-Leuten
nicht einfach mal erklärt bekommen,
wie's zu dem Fehler konnte kommen.

Und selbst die fach-gelehrten Lehrer
sind oftmals auch als Sinn-Erklärer
nur Pädagogik-Nieten,
die ihren »Stoff« so bieten,
dass nur noch pauken man
und nicht verstehen kann,
wo der Zusammenhang denn liegt
und wie das 'ne Bedeutung kriegt.

Was dabei rauskommt, ist bekannt:
Es fehlt der Sinn und der Verstand
-jetzt auch im Medienland.

Das heißt: Es fehlt nicht an Substanz,
beim Umsetzen sind wir am Schwanz.

Da fehlt es auch am Mitgefühl,
mit dem man es erspüren will,
wie andere Gedanken gehen,
wenn sie sich mühen zu verstehen.

Wie soll das bei »Experten« gehen,
die selber nur Details verstehen,
die nicht gewichten können
und nicht den Sinn erkennen?

Gibt's gute Interpreten nicht,
dann helfen auch die Medien nicht.

Der Junge will ein Sieger sein
und spinnt sich in die Rolle ein
des machtbewussten Helden
in virtuellen Welten.

Weil`s in der Wirklichkeit nicht stimmt
und man ihn da nicht wichtig nimmt,
entwickeln sich dann Phantasien
von Machtausübungs-Utopien,
in denen man sich revanchiert
indem man andre massakriert.

Wenn so Vernichtungs-Phantasien
aus Ruhmbedürfnissen gediehen
und wenn man am Computer dann
sich spielend darin üben kann,
dann kann das ständige Dran-Denken
auch mal das eigne Handeln lenken
in den realen Alltagswelten,
wo andere Gesetze gelten.

Man schnappt ganz unerwartet über,
springt in die Wirklichkeit hinüber
und fängt dann wild zu killen an
und tötet sich auch selber dann.

Um Amokläufe zu vermeiden,
da sollten wir uns jetzt entscheiden,
die Waffennutzungen zu meiden,
auch schon in diesen Killer-Spielen,
die jungen »Männern« so gefielen.

Entscheidend aber ist das Streben,
einander Zuwendung zu geben
beim hilfreichen Zusammenleben.

Die Politik ist neu gefragt

Die Politik ist neu gefragt,
wenn unsere Wirtschaft so versagt.

Sie ist besonders tief berührt,
wenn mit den Banken was passiert.

Wenn Wirtschaft und die Banken
an Rezessionen kranken,
dann bleibt im schlimmsten Wetter
der Staat der letzte Retter.

Die nationale Politik
versucht mit mäßigem Geschick
und großen Finanzierungs-Wellen
globalen Krisen sich zu stellen.

Wenn der Konsum gefährlich stockt,
dann wird das Kaufgeld aufgestockt
durch Steuergeld in Massen.
Doch was wir so verprassen
erhöht die Schulden mehr und mehr.
Solide ist das oft nicht mehr.

Wenn man so lebt auf Pump,
dann ist es ziemlich plump,
noch Steuern weg zu streichen,
– und das auch für die Reichen.

Die Einnahmen verringern,
das bringt uns doch ins Schlingern,
wenn Ausgaben man ständig steigert
und Schuldentilgung auch verweigert.

Wenn ein System nur funktioniert,
wenn Schulden-Machen so grassiert,
dann müssen wir jetzt spuren,
zu ändern die Strukturen.

Wird sich der Staat dabei entpuppen
als Holding von Interessengruppen,
die feindlich konkurrieren,
Verteilungskämpfe führen
und nach der Macht nur gieren,
dann wird man eher sich zerfleischen
als jene Wende zu erreichen,
die uns zu neuen Ufern führt,
wo man den Bürgersinn prämiert
und Egoismus minimiert.

Was die Gesellschaft einig hält,
dass sie nicht auseinander fällt,
ist nicht das viel geliebte Geld.
Es ist die Solidarität,
die in der Not zusammen steht
und auf Verantwortung besteht,
wie es den Kindern einmal geht.

Wir kennen diesen Kreislauf schon:
Erst blinde Überproduktion,
dann kommt die große Rezession
und dann der Ruf nach Subvention.

Wenn Manager am Markt versagen
verlegen sie sich aufs Beklagen:

»Die Arbeitsplätze fallen weg!
Wenn auch der Unternehmenszweck,
der volkswirtschaftlich wichtig ist,
schon nicht mehr zu erfüllen ist,
gefährdet das in Kürze schon
den Wohlstand unserer Region«.

Zur Lösung dieser Stagnation
braucht man vom Staat die Subvention.

Der Staat ist aber hoch verschuldet.
Das ist Politikern geschuldet,
die auch in guten Steuer-Zeiten
die Schulden immer mehr verbreiten
bis fast zu öffentlichen Pleiten.

Drum wenn die Unternehmen glaubten,
sie könnten sich am Markt behaupten,
gestützt auf hohe Subventionen,
dann waren das oft Illusionen.

Und die Moral von der Geschicht?
Setzt jetzt auf Subventionen nicht.
Besinnt euch auf Struktur-Reformen
und auf die alten Kaufmanns-Normen.

Zu jeder Zeit, an jedem Ort
ist es ein angesehner Sport,
beim Steuerzahlen was zu sparen
und Vorteile für sich zu wahren,
die ausgekochte Geldexperten
mit Raffinesse uns erklärten.

Und wenn man dabei mogeln kann,
dann sieht man das als clever an
und hat kein schlechtes Gewissen,
obwohl wir alle wissen,
dass Steuern helfen müssen,
Zusammenleben zu verwalten
und innern Frieden zu erhalten.

Man redet sich heraus:
»Die geben Steuergelder aus
in unsren Parlamenten,
obwohl sie's sparen könnten,
wenn nicht ein jeder dächte,
dass es ihm Vorteil brächte.

Und für mein sauer verdientes Geld,
fahr'n Bonzen um die ganze Welt«.

Ums »Steuern Sparen« anzugehn,
muss man an beiden Seiten drehn:

Zum einen muss jetzt jeder sehn:
Mit Steuergeldern umzugehn,
kann auch viel sparsamer geschehn.
Die Politik muss darauf sehn,
dass keine Steuergelder gehn
in lockende Geschenke
an Partner an der Tränke.

Wird Geld nur sinnvoll ausgegeben,
dann sichert's das soziale Leben.

Und Bürger müssen neu erkennen
und dazu auch sich selbst bekennen,
dass Steuer-Zahlen ist ganz richtig
und Steuern Sparen nicht so wichtig.

Man kann nicht Steuersünder sein
und dann gleich nach dem Staate schrein,
wenn man mal selber ist in Not
und vom Konkurs bedroht.

Es ist beileibe nicht egal,
sondern 'ne Frage der Moral,
dass wir auf beiden Seiten
mehr Achtsamkeit verbreiten
und dass sich beide richten
nach ihren Anstandspflichten.

Sollt das uns nicht gelingen
und keinen Wandel bringen
bei Bürgern und der Politik,
dann blieb es unser Missgeschick,
dass wir uns eingestehen müssten:
wir sind halt doch nur Egoisten.

Die Politik bräucht Alleskönner,
die bringen leicht auf einen Nenner,
worüber Denkende von Rang
brüten ein Leben lang.

Politiker die sollen wissen,
was morgen wirklich kommt,
und es auch zu erklären wissen,
wenn es dann anders kommt.

Und immer ist ein andrer da,
der alles schon viel früher sah.

Wenn sie zwischen zwei Übeln stehn,
dann sollten sie es nicht so drehn,
dass sie sich schnell entscheiden,
und wählen alle beiden.

Ihr Blick ist von den Wahlen
und den Umfragezahlen
ganz blind geworden für die Qualen,
die beinah jede Hoffnung stahlen
auf wirtschaftliche Sicherheit
und etwas mehr Gerechtigkeit.

Sie können sich in Talkshows hieven
und alles streifen, nichts vertiefen.
Meinst du sie hören wirklich zu?
Sie warten nur: wann schlag ich zu?

Sie zeigen, wie die Welt sich wandelt
und streiten, wie man deshalb handelt.
Und was man selber gar nicht kann,
das prangert man als Fehler an.

Der Sinn der Talkshows, der steht fest:
dass man sich nicht beirren lässt.

Drum ist ein absolutes Muss:
Sei stark beim Einstieg und beim Schluss.
Dann brauchst du nur dazwischen
entrüstet tun und zischen,
mit Zwischenrufen was bekritteln
und deutlich auch den Kopf mal schütteln,
vielleicht auch mal 'ne Flanke kicken
und eifrig mit dem Haupte nicken.

Und dazu gibt's Gelegenheit
besonders bei dem Krisen-Streit.

In unsrer Demokratie
herrschte das Volk noch nie.
Das Volk wählt nur Parteien,
die bei uns gut gedeihen,
weil sie die Posten vergeben
für das Gemeinschaftsleben.

Das Volk wählt Niemanden direkt,
das geht bei uns nur indirekt.
Wo immer es auch sei
bestimmt stets die Partei
über begehrte Posten
auf Steuerzahlers Kosten.

Und fragt man nach dem Grund
für diesen kritischen Befund:
Die Wahrheit die heißt schlicht:
Man traut dem Volke nicht.
Drum braucht man eine Zwischenschicht
zwischen dem Volk und der Regierung
zum Schutze gegen die Verführung
durch eine Demagogen-Führung.

In Zeiten zwischen Wahlen
solln Bürger doch nur zahlen.

Nur wer ist oben schon dabei
in der regierenden Partei,
nur der kann es probieren,
auch selbst mit zu regieren.

Doch all die Kandidaten
sind meist Parteisoldaten.
Sie müssen fleißig sein
erst mal im Ortsverein.
Wenn der sie nominiert,
sind sie vielleicht gekürt
in dem Bezirksverein.
So fädelt man sich ein
in die Parteien-Hierarchie.
Doch diese Ochsentour hat nie
bis jetzt gefördert ein Genie.

Um Demagogen abzuwehren,
kommt so das Mittelmaß zu Ehren.

Personen mit viel Charisma,
wie Barak in Amerika,
kämen in unsern Parteien
nicht zu den höheren Weihen.

Und das ist jammerschade:
Es macht das Ganze fade.
Es fehlt dann auch der Schwung
und die Begeisterung
und auch die Sympathie
für diese Demokratie.

Die würde vielleicht aufgeweckt,
würden Parteien abgespeckt
durch Konzeptionen wie
»direkte Demokratie«.

Zu sparen Kampf und Aufpasser
gab man Indianern Feuerwasser,
um sie im Inneren zu schwächen
und ihren Widerstand zu brechen.

Bei uns macht man das abgewogen
mit Fernsehn und diversen Drogen.
Das erste hält die Massen zahm,
das zweite legt die Jungen lahm.

Dann sind zufrieden sie mit Wahlen,
und werden ihre Steuern zahlen.
Und sie wird's nicht mehr interessieren,
wie man sie weiter wird regieren.

Wird die Weltwirtschafts-Krise
zu der politischen Krise,
die viele Menschen tief verbittert
und das Polit-System erschüttert?

Die Arbeitslosigkeit
und Ausweglosigkeit
bei zunehmenden Pleiten
in Absatzkrisen-Zeiten,
wenn das zu Not und Armut führt
und das Vertrauen ruiniert
in Politik und Obrigkeit,
dann sind wir gar nicht mehr sehr weit
vom Sieg der Radikalen
schon bei den nächsten Wahlen.

Und die regieren dann sehr bald
mit Unterdrückung und Gewalt.

So darf die Wirtschafts-Krise nie
zerstören unsre Demokratie.

Drum müssen wir zusammen stehn
und Wirtschaft wieder so verstehn,
dass sie dem Gros der Menschen dient,
das nicht Renditen und Boni verdient.

Man hat ein hehres Ziel.
Doch um das zu erreichen,
hilft's einem gar nicht viel,
wenn Mächtige nicht weichen,
die Fortschritte verhindern
und unsre Chancen mindern.

Man muss selbst Macht erringen,
sonst kann es nicht gelingen,
und dazu braucht man halt
Intrigen und Gewalt.

Und weil das schwierig ist,
man leicht das Ziel vergisst.
Und wenn das Ziel ist einmal weg,
wird leicht das Mittel schon zum Zweck.

Man zählt dann zu den Mächtigen,
doch auch zu den Verdächtigen,
die, um die Macht zu halten,
starr festhalten am Alten.

Gebraucht man schlechte Mittel,
um Gutes durchzusetzen,
dann wird man leicht zum Büttel
der wird das Schlechte schätzen
und Gutes bald versetzen.

Die herrschenden Generationen
kann man nicht länger schonen.
Sie machen zu viel Schulden,
das sollte man nicht dulden.

Soll das denn stets so bleiben,
dass dieses Spiel wir treiben,
dass wer an einer Quelle ist
als krasser Egoist
die Nachfolger vergisst?

Die neue Generation,
die leidet immer schon
unter der Willkür der Alten,
– bis sie die Macht erhalten
und dann die selben Sachen
mit ihren Kindern machen.

So geht das immer weiter,
man schiebt die Schulden weiter.
Der Schuldenberg wird breiter.

Der Haushalt der wird kahler,
der Handlungsraum wird schmaler.
Wann merken denn die Leute,
dass so der Staat geht pleite?

Um unsre Krisen zu beheben,
gefährden wir das Überleben
der Kinder, die hier nach uns leben.

Die Meinungsfreiheit propagieren,
ohne dabei es zu riskieren,
dass man die Freiheit selber stutzt,
indem man Drohungen benutzt,
zu mehren ihre Chance-
das ist 'ne schwierige Balance.

Soll man Parteien verbieten,
wenn sie Programme bieten,
die wir doch für gefährlich halten,
um hier die Freiheit zu erhalten?

Solang sie nur mit Argumenten
und ärgerlichen Transparenten
um Stimmen-Mehrheit ringen,
und andere nicht zwingen
mit Terror und Gewalt,
solang gilts zu ertragen,
was unsre Gegner sagen.

Die Freiheit braucht auch ein Vertrauen,
darf nicht auf Unterdrückung bauen.

Wir brauchen auch mehr Selbstvertrauen,
um mehr mit Argumentieren
die Unvernunft zu korrigieren
und manchen Schreihals zu blamieren.

Das Volk wird nicht so blöde sein,
zu fallen auf Parolen rein,
die sie mal früher seiften ein.

Wir mögen das Verbieten nicht,
weil's einer Freiheit widerspricht,
die auf die Mündigkeit vertraut
und auf Vernunft der Bürger baut.

Viel besser als dieses Verbieten
ist allen Menschen Chancen bieten
zu Lebens-Arbeits-Sicherheit
und kreativer Bildungszeit
zum Aufbau klaren Wissens
und Schärfung des Gewissens.

Des World Trade Centers Ende
erscheint als Zeitenwende
und als historisches Geschick
der US-Außenpolitik.

Amerika schien ganz entsetzt
und tief in seinem Stolz verletzt,
zum Teil in Hysterie versetzt.
Sie haben »Krieg« im eignen Land,
und was das heißt, noch nicht gekannt.

Sie fühlten schwer sich angegriffen
und haben es noch nicht begriffen,
dass dies nicht war ein Krieg,
der mit dem klaren Sieg
der militärischen Macht
wird schnell zu End gebracht.

So wurden sie verführt,
dass sie den Krieg geführt
mit ganz enormen Kosten
im fernen wilden Osten-
obwohl sie es doch wissen müssten,
dass diese Selbstmord-Terroristen
so punktuell flexibel sind,
dass sie gar nicht zu fassen sind
mit großen Angriffskriegen
und stolzen Schlachtfeld-Siegen
gegen verschiedne Staaten,
in denen sie ihre Taten
jeweils entworfen haben
und ihre Unterstützer haben.

Man müsste auch die Gründe sehn,
die hinter diesem Terror stehn,
und die Motive auch verstehn,
um richtig damit umzugehn.

Doch das heißt nicht verzagen,
man muss auch Kämpfe wagen.
Die Islamisten, die sind nämlich
zum Teil auch ziemlich dämlich,
weil sie sonst wüssten,
dass Terroristen,
statt etwas auszurichten,
nur ihren Ruf vernichten.

Vielleicht sind's aber Spuren
vom Kampf zweier Kulturen?

Die wirklichen Verschiedenheiten,
die heute Sorgen uns bereiten,
sind nicht Religionen und Rassen
und nicht Nationen und Klassen,
es sind verschiedene Kulturen
und Lebenswelt-Strukturen.

Da ist des »Westens« Lebensart,
mit Freiheit und Komfort gepaart,
die angelsächsisch-pragmatistisch,
demokratisch-individualistisch
als Freiheits-Hüter gern verfährt
und dazu alle Welt bekehrt.

Dann gibt es eine »östliche« Welt,
in der mehr die Gemeinschaft zählt
und nicht die Freiheit der Person,
wo statt der Ratio Emotion
das Lebensverhältnis bestimmt
und ihm den Glauben nimmt,
man könnte alles bemessen
als Ausgleich von Interessen.

Hier träumt man von dem Gleichheits-Reich,
ohne die Kluft von Arm und Reich,
in dem dann alle zusammen stehn
– oder in einen Gulag gehn.

Dann gibt's die islamistische Welt,
in der ein Fanatismus zählt,
der sich noch mit Komplexen quält,
weil er trotz einer alten Kultur
sich fühlt auf der Verlierer-Spur.

Im »Mittelalter« stehn geblieben,
der »Aufklärung« noch fern geblieben,
lebt dieser Islamismus
im Glaubensrigorismus.
Und weil er sie für gottlos hält,
bekämpft er die »moderne« Welt.

Weil dies drei Lebenswelten sind,
die sich nicht sehr sympathisch sind,
gibt's kaum eine Verständigung
oder Kulturkampf-Bändigung.

In allen gibt es Ideologien,
die gerne in den Kreuzzug ziehen,
um die Entwicklungen zu ändern
in den noch unentschiednen Ländern.

Es kann nur friedlich weiter gehen,
wenn sie sich besser noch verstehen
und auf Gewalt verzichten,
um Gegner zu vernichten.

Und alle müssen den Dünkel lassen,
sie könnten allein die Wahrheit fassen.

Die Frage nach dem Sinn
ist eine der stärksten Waffen.
Da steckt viel Sprengstoff drin,
der kann die Wende schaffen.

Man kann`s doch nicht so laufen lassen,
dass Schüler in zu großen Klassen
nur große Wissensmassen
und keinen Sinn erfassen.

Man muss es doch erreichen,
das nicht aus unsrer Wirtschaftswelt
der Sinn der Arbeit kann entweichen,
weil man malochen soll fürs Geld,
das Managern und Aktionären
die Firmen großzügig gewähren,
während man kühl und leicht
die Arbeitsplätze streicht.

Wie soll man Bürger motivieren
zum sich politisch engagieren,
ohne vom Klüngel der Parteien
sich viel mehr zu befreien?

Wie kann das alles sinnvoll werden
und mehr begeistern uns auf Erden?
Wenn wir gemeinsam tätig werden,
zu schützen die Natur auf Erden.
und steuern dieses Weltgetriebe
mit mehr Vernunft und Menschenliebe?

Beziehungskrisen noch dazu?

Es gilt auch für Beziehungskrisen
wie für Polit- und Wirtschaftskrisen:
dass Krisen führen zur Besinnung
auf solidarische Gesinnung
und auf die Neugewinnung
von altruistischen Werten
in dem Verhältnis zu Gefährten.

Es gibt bei großen Wirtschaftskrisen
auch zunehmend Familienkrisen.

Wenn viele Jobs gefährdet sind,
bläst auch zu Haus ein schärfrer Wind.

Schon eine Krise ahnen
lässt nicht mehr sicher planen.

Man freut sich auch vergebens
auf kleine Ziele des Lebens
wie den modernen PC
und den erträumten VW.

Je schlimmer die Finanzen kranken,
je mehr gibt's Anlass auch zum Zanken.
Man muss verzichten auf die Sachen,
die, wie der Urlaub, Freude machen
und die das Leben so verschönen
und auch den Partner mal verwöhnen.

Das gilt dann gar nicht minder
auch für die eignen Kinder.
Die wollen wie die Andern
auch tanzen und mal wandern
draus in der weiten Welt
– und haben nicht das Geld.

Und dann die schulischen Sorgen:
Wie soll man da für Hilfe sorgen?
Und ständig diese Hausaufgaben,
die Eltern meist zu lösen haben!

In dieser Krisensituation
entscheiden manche Paare schon,
die Ziele so jetzt zu gewichten,
dass sie auf Kinder ganz verzichten.

Und wenn es doch passiert,
dann wird sogar probiert,
das Baby abzutreiben,
um kinderlos zu bleiben.

Doch das ist eine schiefe
und traurige Alternative.
Die Kinder, die sie abgetrieben,
sind im Gedächtnis doch geblieben,
wo ihre kleinen Seelen
sie immer wieder quälen.

Vor Lebenskrisen hart gestellt,
oft dann auch die Entscheidung fällt,
wie die Familie zusammenhält,
ob egoistische Triebe
oder persönliche Liebe
ein Lebenspaar verbinden
und ob sie Kräfte finden,
einander beizustehn,
durch Dick und Dünn zu gehn
und so die Krisen zu bestehn.

Wie Solidarität gefragt
ist in den Wirtschaftskrisen
wird Liebe neu gewagt
in den Beziehungskrisen.

Die Liebe ist uns nicht geheuer.
Sie ist ein echtes Abenteuer,
das spannend ist und ziemlich teuer.

Sah ein Bub ein Mädchen stehn,
und sie erschien ihm wunderschön.
Da musste er gleich zu ihr gehn,
um sie sich näher anzusehn.

Der Knabe sprach: Du bist so schön,
ich würd gerne mit dir gehn,
mich wild mit dir im Tanze drehn
und in den siebten Himmel sehn.

Das Mädchen aber wehrte sich,
es wollt nicht gleich verlieben sich
und sprach zu ihm: ich kenne dich
noch viel zu wenig, dass ich mich
dir schon so schnell ergebe
und dir gleich alles gebe.

Der Knabe aber neigte sich
zum schönen Mädchen schmeichlerisch.
Das Mädchen kaum noch wehrte sich,
es spürte nämlich auch
ein Flattern schon im Bauch.

Und als die beiden küssten sich,
gefiel es ihr dann auch.

Wer denkt denn ernsthaft schon in diesen
Momenten an Beziehungs-Krisen?

Was ist die Rolle der Frau?
Die Alten wussten's genau:
Der Mann wirbt um die Frau
und dreht sich wie ein Pfau,
und sie? Sie gibt sich lau
und hält zurück sich schlau.

Heut scheint es mehr die Frau,
die macht die Anreiz-Schau.
Der Mann bleibt eher lau.
In seiner Lebensschau
geht's nicht nur um die Frau.

Sie lockt ihn aber aus dem Bau
und provoziert ihn auch ganz schlau
mit ihrem schönen Körperbau.

Im Grunde ist es häufig nur
der Frauen reizende Natur,
die bringt die Männer so auf Trab,
dass sie sich zappeln redlich ab.

Zur Frau wird man nicht erst gemacht
durch die gesellschaftliche Macht
unserer Bildungstradition.
Man ist es von Natur aus schon.

Man kann deshalb auf Frauen
beim Lieben meistens bauen.

Oft haben Frauen auch dafür
ein sehr viel feineres Gespür.
Sie sind nicht gut nur im Verführen,
sie sind's auch im »Beziehung« spüren.

Sie scheinen für die Liebe geschaffen
und können Atmosphäre schaffen,
die die Beziehung retten kann,
auch in der Krise mit dem Mann.

Ist nicht das Imponier-Gehabe
meist eine männlichere Gabe?

»Mann« will den großen Eindruck machen
mit auffälligen Status-Sachen.
Es geht darum, bei allen
besonders aufzufallen
durch viel Potenz und Pracht
und vorgetäuschte Macht,
-was dann auch attraktiver macht
besonders bei den Frauen,
die gern auf so was schauen,
obwohl sie ihm nicht trauen.

Ist das nicht eine krumme Tour
aus unsrer tierischen Natur?
So wie der Hahn stolz aufgebläht
in einem Hühnerhofe kräht,
so hupt der Mann mit seinem Wagen
und einem protzigen Betragen.

Wichtig bei Imponiergehaben
ist der Vergleich, was andre haben.
Das macht auch Vorstände so gierig
und die Bescheidenheit so schwierig.

Doch dieses Element Natur
zeigt nicht die allerkleinste Spur
von einer höheren Kultur.

Soll so ein dummes Geltungsstreben
bestimmen das Zusammenleben,
-genau so wie das Wirtschaftsleben?

Es sollte uns nicht imponieren,
sondern mehr zur Beschämung führen
und zum entschiednen Distanzieren
von einem jämmerlichen Trend,
der die Zurückhaltung nicht kennt,
die uns von einem Gockel trennt.

Es ist doch wohl nicht schlecht,
dass man zum anderen Geschlecht
sich heftig hingezogen fühlt
und Sex 'ne große Rolle spielt.

Doch will man einen Partner finden,
und sich auf Dauer an ihn binden,
sollt man doch die Person auch lieben
und nicht von purer Gier getrieben
das Sexbedürfnis nur befrieden
– sonst ist man bald wieder geschieden.

Bei vielen Ehekrisen,
bei denen Partner sich verließen,
gings mehr ums andere Geschlecht
und man vertrug sich schlecht,
wenn der sexuelle Reiz ließ nach
und man auch kaum noch mit sich sprach.

Zwar »liebten« sie sich schon,
doch nicht ganz die Person
mit ihrem spezifischen Wesen.
Und wenn's mehr das Geschlecht gewesen
oder ein bloßer äußrer Nutzen,
um nur den andern auszunutzen,
dann wird bald die Enttäuschung groß
und man beklagt das eigne Los.

Mit einem Typ tagaus tagein
auch hautnah oft zusammen sein,
das setzt 'ne Wertschätzung voraus,
die hält auch Streit und Krisen aus.

Wo immer in der Welt
die Frau dem Mann gefällt,
entsteht ein Spannungsfeld.

Weil sie`s dann meistens spürt,
dass sie beachtet wird,
wird sie vielleicht verführt,
ihm einen Blick zu senden
statt sich gleich abzuwenden.

Wenn er ihr imponiert
und er das Echo spürt,
beginnt bald ein Gedankenspiel
ums ewige Beziehungsziel.

Doch dann kommt`s auf den Rahmen an,
was sich daraus entwickeln kann.
Der Rahmen sind die andern Pflichten,
die man moralisch muss gewichten.

Wenn die auch in der Krise sind,
dann werden Liebesspiele blind.

Wenn man sich nicht mehr riechen kann,
stellt man die Überlegung an:

Vielleicht gibt es noch Möglichkeiten,
sich nicht so eng mehr zu begleiten
und nicht zur Scheidung gleich zu schreiten?

Statt dass man auseinander geht,
wenn man sich auf die Nerven geht,
bleibt man sich nur auf Zeit mal fern
und hat sich danach wieder gern?

Vielleicht sollt' man sich eingestehn:
Man ist ja auch nicht grade schön
und manchmal kaum noch auszustehn.

Ganz wichtig scheint für viele,
zu haben gemeinsame Ziele,
ein Anliegen, das sie verbindet,
bei dem man sich zusammen findet
und auch als Partner sich empfindet.

Die Ehe ist kein Hochzeitstanz.
Sie braucht viel Alltags-Toleranz.
Grad in dem Krisen-Getriebe
zeigt sich beständige Liebe.

Das Leben wär nicht halb so schön,
würde man, auch wenn Stürme wehn,
in Liebe nicht zusammen stehn.

Was ist das denn: die „Liebe"?
Im quotengeilen Filmgetriebe
ist meistens das Gefühl gemeint,
das Mann und Frau im Bett vereint,
-zumal seit die Verhütungspille
bringt eine unbeschwerte Fülle
von lockenderen Möglichkeiten
als in „moralischeren" Zeiten.

Doch auch die Kirche spricht von „Liebe"
und meint damit die „Nächstenliebe"
als Zuneigungs-Gefühl,
das andern helfen will,
auch ohne Trieb-Befriedigung
und eitle Selbstbestätigung.

Vielleicht gibts `ne Verständigung
über den allgemeinen Sinn:
Wenn ich für einen andern bin,
weil ich ihn einfach mag,
und dann auch echte Sorge trag,
dass es auch wirklich gut ihm geht
und dass man ihm zur Seite steht,
kann man das sicher „Liebe" nennen
und es von Sex-Begierde trennen.

Doch selbstlos an den andern denken,
ihm herzliche Gefühle schenken,
das kann dann auch gekoppelt sein
ans sexuelle Glücklich-Sein.
Es ist dann nicht die pure Gier,
sondern ein personales „Wir",
das Wertschätzung des Partners meint,
wenn man sich körperlich vereint.

Die Kraft einer humanen Liebe
die adelt auch die stärksten Triebe.

Und ewig bleibt die Bildungskrise?

Vom Schulsystem erwartet man,
dass es den Wechsel regeln kann
der Folge der Generationen,
die ständig sich entthronen.

Durch Schulen wollen die Alten
ihr Erbe möglichst erhalten
und all das weitergeben,
was sie in ihrem Leben
als Wichtiges erleben.

Die Schule pflegt die Tradition,
und das bringt Schüler häufig schon
in große Schwierigkeiten,
grad in Entwicklungszeiten.

Die Schüler müssen's überstehen
und ihre eignen Wege gehen
und sich nicht von den Wissensmassen
das Selbst-Denken erdrücken lassen.

Vielleicht gibt es auch Zeitenwenden,
die diese Abfolge beenden,
weil Tradition in neuen Welten
kann einfach nicht mehr fraglos gelten.

Dann gilt nicht mehr das Weitermachen,
sondern das Etwas-Neues-Machen
und Kreativität entfachen,
statt Altes einfach nach zu machen.

Wie steht es denn präzise
mit unsrer Bildungskrise?

Zur Bildung ist bekannt,
dass sie in unserm Land
niemand so recht zufrieden stellt.
Die einen rufen nach mehr Geld,
die andern nach Reform-Strukturen
und nach modernen Lernkulturen.

Das alles ist bestimmt nicht schlecht,
und die Kritik hat meistens Recht.
Doch man vermeidet gern
den eigentlichen Kern
unserer Bildungsmisere
und unsrer schulischen Lehre:

Wir bräuchten Freude am Lernen
und dazu das Entfernen
von manchem Wissensballast,
der heute nicht mehr passt.

Hat man's noch nicht kapiert,
dass Bildung nur passiert,
wenn's Lerner interessiert?

Wenn ein Problem oder ein Fakt
die Lernenden nicht geistig packt,
stößt's Kompetenz nicht an,
bringt »Bildung« nicht voran,
und regt den Geist nicht an
zu einem be«geist«erten Lernen,
das greift nach Erkenntnis-Sternen.

Wir sollten uns entscheiden
und alles das vermeiden,
was nur den Geist erdrückt
und Neugierde erstickt,
und Antworten setzt in die Welt,
auf Fragen, die kaum einer stellt.

Was ist denn wichtiger:
Dass Menschen tüchtiger
beim Speichern von viel totem Wissen,
das sie in Schulen pauken müssen,
auch ohne Einsicht und Verstand,
oder dass hier in unserm Land
sind aufgeweckte Köpfe,
die gucken selbst in Töpfe,
um Wichtiges zu finden,
und Interessantes zu ergründen
und Kompetenzen zu entbinden?

Heut fordern alle viel mehr »Bildung«
und meinen meistens Ausbildung
für einzelne Funktionen
und Arbeitspositionen.

Doch »Bildung« hat 'nen andern Sinn:
da steckt die »Bild-Werdung« noch drin:

Heraus-»bilden« der Grundanlagen
und inneren Gewissensfragen,
die in den Menschen stecken
und die's gilt zu ent-decken.

Die angelegten Möglichkeiten
aus spirituellen Schöpfungszeiten
bildartig sichtbar machen
und eine Gottes-Ahnung
in der Gewissensmahnung
besser erkennbar machen,
das sollte jenen Sinn ausmachen,
den »Bildung« einmal meinte,
als man den Zweckbezug verneinte.

Das war ein klarerer Begriff,
der »Menschenwürde« noch begriff
als innre Unabhängigkeit
und ethische Entschiedenheit.

Vielleicht hilft in den »Bildungskrisen«
jetzt die Besinnung grad auf diesen
humanen Ursprungs-Sinn:
Der weist uns darauf hin,
dass wir den »Bildungs«-Auftrag haben,
mit den uns mitgegebnen Gaben

zu Vor-»bildern« zu werden,
und dass wir hier auf Erden,
gesteuert innen vom Gewissen,
uns ständig noch verbessern müssen.

Die heut so viel von »Bildung« reden,
die könnte das vielleicht bewegen,
dass das Bewusstsein sie verbessern,
wie sehr sie den Begriff verwässern.

Bei manchen vielleicht kann
auch diese Rückbesinnung dann
sich mehr auf jenen Sinn beziehen,
den frühe Denker ihm verliehen?

Für Pädagogen gäbs 'ne Wende,
sinnloses Pauken ging zu Ende,
man würde etwas mehr probieren,
humanen Geist zu animieren
und Kreativität zu schüren.

Die letzte Frage ist dann: Was
ist das entscheidendere Maß
für die Erziehung der Jugend:
Ist 's die Gesellschaftstugend
oder mehr die Heraus-»bildung«
zu freierer Personbildung?

Das schließt sich zwar nicht aus,
doch 's läuft darauf hinaus:
Es geht um Priorität
für Bildung zur Humanität.

Die Bildungskrise ist zu meistern,
wenn wir die Lernenden begeistern,
ihre Begabungen zu heben,
für ein gelingenderes Leben.

Dazu muss das Entfernen
von dem natürlichen Lernen
nach eigenem Befinden
endlich ein Ende finden.

Die Anliegen der Wirtschaft
und einer Markt-Gesellschaft
zum ökonomischen Parieren
und glatten Funktionieren
sollte als »Bildung« nicht
bestimmen unsern Unterricht.

Man muss die Möglichkeiten
der Menschen aufbereiten,
um die Begabung zu entwickeln
und sie nicht zu zerstückeln
durch fach-fixiertes Büffeln
und zensuriertes Rüffeln.

Das Maß humaner Bildung
ist Kompetenz-Ausbildung
zu ethischen Personen.

Das heißt sie zu verschonen
vor dem, was diese Krisen-Welt
an fremder Anforderung stellt.

Wir sollten viel mehr uns verpflichten,
uns mehr auf Werte auszurichten.

Statt nach der Wirtschaft uns zu richten
gilt es die Wirtschaft auszurichten,
dass sie humanem Maß entspricht
und zwingt uns zur Entfremdung nicht.

Die »Bildung« kann heut nur gelingen,
wenn statt nur Altes reinzuzwingen
man sucht Begabung rauszubringen.

Entwicklungshilfe geben
für das Erkenntnisstreben
kann fürs moderne Leben
die beste Bildung geben.

Belehre mich – ich werd's vergessen.
Zeigs Beispiel mir – ich kanns ermessen.
Lass selbst mich recherchieren
– ich werd's nie mehr verlieren.

Die Einsicht ist so wichtig,
doch warum funkt's nicht richtig?

Kommt es vielleicht nicht richtig an,
weil auch das Rechte man
nicht recht vermitteln kann?

Die Krise kommt vom Unterricht,
so lang er das Tabu nicht bricht,
von alten Fächern Wissensmengen
in junge Köpfe rein zu zwängen
und Geist und Neugier zu verdrängen.

Wir brauchen helle Köpfe
und nicht die Schulgeschöpfe,
die sich so vieles eingepaukt,
was für ihr Leben gar nichts taugt.

Denn nur wer geistig aufgeweckt
lernt, wie man Wissen selbst entdeckt
zum Lösen von Problemen,
die uns in Anspruch nehmen,
nur der wird dann imstande sein
zum Weiterlernen auch allein.

Den Lehrern möcht man sagen,
sie sollten viel mehr wagen,
statt öder Lehrplan-Paukerei
zu setzen Geist und Neugier frei
für interessante Fragen,
die dann auch weiter tragen
zu einem lebenslangen Lernen
an außerschulischen Zisternen.

Wer nur die Fächer der Schule versteht,
ist der für Anderes zu blöd?

Wir brauchen die Bekehrung
von alter Fächer-Belehrung
zu forschender Bewährung
bei der Erkenntnisklärung.

Dann kann sie jeder selber spüren,
die Freude an dem Recherchieren
und motivierten Ausprobieren
von Dingen, die ihn interessieren.

Was tuts, wenn man verliert,
was garnicht interessiert?
Wenn man es später braucht,
es einen doch nicht schlaucht,
dass man das nötige Wissen
noch selbst wird finden müssen.

Das eingepaukte Vorratswissen,
das kann man leichter heut vermissen,
weil in PC-Systemen man
das meiste recherchieren kann.

Wir brauchen als Schul-Meister
vor allem belebende Geister,
die Kompetenzen entdecken
und Kreativität erwecken
und die auch komplizierte Sachen
ganz klar und einfach machen.

Das ist die entscheidende Wahl
für unser Bildungspotential.

Man kann allein durch Unterricht
heute erfolgreich lernen nicht,
wenn nicht zu Haus geholfen wird
und das noch nachgeliefert wird,
was erst zu dem Verständnis führt.

Mein Schulerfolg hängt davon ab,
was ich noch sonst für Hilfe hab.
Man kann heut kaum erfolgreich sein,
lernt man in Schulen nur allein.

Das ist dann auch ein Grund
für diesen Schülerschwund
in gymnasialen Klassen
für Kinder aus Gesellschaftsklassen,
wo Eltern nicht »gebildet« sind,
um nachzulernen mit dem Kind.

Was täten denn die Lehrer
ohne die Nachhilf-Lehrer?

Wer heute Hilfe nicht erhält,
wahrscheinlich durch die Prüfung fällt.
Und das ist für die Bildung schlecht
und auch sozial ganz ungerecht.

Die Schüler tuen einem leid,
sie müssen ihre Jugendzeit
fast nur mit »Lehrkräften« verbringen,
– auch noch beim Turnen und beim Singen.

Den ganzen Tag im Unterricht
gefällt doch vielen Schülern nicht.

Dass Lehrer helfen ist ja schön,
doch wenn sie mittags wieder gehn,
ist das für Schüler auch ganz schön.

Denn junge Menschen wollen leben,
nach eigener Erfahrung streben,
auch miteinander toben
und praktisch sich erproben,
auch ohne Druck von Zeugnis-Noten
und Lehrer-Anbiedrungs-Geboten.

Wie können sie denn all das treiben
beim ganztags in der Schule bleiben?
Man muss den Klassenraum verlassen
und Schüler selbst was machen lassen.

Als »Pfadfinder« mehr draußen sein,
statt in der Schule nur zu sein,
das würde viele Schüler freun,
und sie von einem Druck befreien.

Wenn man die Schüler separiert,
weil man bei ihnen Mängel spürt,
dann stempelt man sie ab
und bringt sie kaum auf Trab.

Lässt man sie aber zusammen,
egal woher sie stammen,
in Einheitsschul-Sytemen,
dann kann auch das nicht nehmen
die Chancen-Ungerechtigkeit
aus häuslicher Befindlichkeit.

Ein gleicher Unterricht für alle,
das ist in jedem Falle
ein kollektiver Krampf.
Der Pädagogen Kampf
will grad mehr Differenzierung
statt einheitlicher Führung.

Doch sie nach Schulformen sortieren,
kann auch nicht aus der Krise führen.

Jede Begabung hat ihr Recht,
sie ist nicht gut nur oder schlecht.
Begabungen sind nur verschieden
und müssen deshalb auch verschieden
jeweils gefördert werden,
um für das Leben was zu werden.

Wenn's um humane Bildung geht,
im Mittelpunkt der Schüler steht,
und nicht die Wissensmengen
mit den Vermittlungszwängen
und dieser ganzen Paukerei
und Lehrplan-Tyrannei.

Die Lehrer können's nicht vermitteln,
wenn sie nicht an dem Lehrplan rütteln,
der allen vorgeschrieben ist
und meist nicht zu vermitteln ist
dem je verschiednen Kind,
– egal wie stark der Notenwind
und die Versetzungsängste sind.

Kann man denn heute sagen,
was sind die wichtigsten Fragen,
die sollten den Unterricht tragen?

Das Dringendste, das man
heut dazu sagen kann:
Packt die Gewissensbildung an!

Doch macht es nicht abstrakt.
Damit's die Schüler packt,
müsst ihr es praktischer probieren,
sie mit Problemen konfrontieren
und kritischen Situationen,
die sich zu lösen lohnen.

Gemeinsam um Entscheidung ringen
und dabei Werte einzubringen
von ethischem Gewicht,
das langweilt Schüler nicht.

Das müsste dringend jetzt geschehn,
weil wir akut in Krisen stehn,
die zu gewissenhaftem Ringen
um ethische Entscheidung zwingen.

Wenn das Gewissen ist der Punkt,
aus dem uns unsre Seele funkt,
wie wir im Krisen-Erleben
uns ethisch wieder erheben,
dann muss man das Gewissen schärfen
und andres dafür auch verwerfen,
wenn's nur den Egoismus schürt
und uns in neue Krisen führt.

Die Bildungskrise zu beenden,
muss man sich an die Lehrer wenden:
Lasst doch die Bürokraten laufen,
werft Lehrpläne auch über'n Haufen,
versucht euch drauf zu konzentrieren
die Schüler mehr zu interessieren,
sie geistig-seelisch aufzuwecken,
und Kompetenzen zu entdecken,
und fördert Kreativität
und Solidarität,
– auch wenn es nicht im Lehrplan steht.

Lasst doch die eitle Belehrung,
schafft produktive Bewährung
in den entscheidenden Konflikten,
die uns in diese Krisen schickten.

Auch die Debatte um »G8«
hats wieder an den Tag gebracht:
Ist's nicht ein gutes Zeichen,
ein Schuljahr weg zu streichen,
um Schüler früher zu entlassen
und selber dann entscheiden lassen,
wie die Talente sie entfalten
und ihren Lebensweg gestalten?

Dass Kürzung nicht gut möglich ist,
wenn man nicht fest entschlossen ist,
von aufgemotzten Wissensmassen
auch wieder vieles wegzulassen,
das sehen Lehrer oft nicht ein.

Sie wollen Fachgelehrte sein
und füllen in die Köpfe rein,
was die meist überlastet.

Statt dass man sich entlastet
von eingepauktem Stoff-Ballast,
wenn keiner seinen Sinn erfasst,
und Unterricht zu konzentrieren,
wolln sie sich in Details verlieren,
die niemand wirklich interessieren.

Man kann die Straffung gut erreichen,
man muss nur totes Wissen streichen.

Auf Wesentliches konzentrieren
ist wichtiger als diskutieren
nach ideologischen Normen
über die Schularts-Formen
nach ihrem Umfang und Gewicht
in der politischeren Sicht.

Die Wissens-Paukerei
schien doch schon fast vorbei:
Die KMK mit Konsequenz
betonte neu die »Kompetenz«.
Statt Wissensmassen zu vermitteln,
sollt Kompetenzen man ermitteln.

Das könnte doch der Durchbruch sein,
zu gehen auf die Schüler ein,
ihre Begabung zu entwickeln,
statt sie in Fächern zu zerstückeln.

Doch da kamen die Lehrplan-Hüter
und pochten auf die »Bildungsgüter«,
die unbedingt auf jedes Kind
nachprüfbar abzuladen sind.

Statt individuelle Kompetenzen
und die persönlichen Potenzen
der Schüler mehr zu stärken,
begannen sie zu werken
und systematisieren,
um Kompetenzen einzuführen,
die allen zu vermitteln sind,
weil sie doch unentbehrlich sind
– wenn Kinder auch verschieden sind.

Und schon ist wieder umgedreht,
worum es doch bei »Bildung« geht:
die inn'ren Kräfte rauszubilden.
statt Kompetenzen reinzubilden.

Es sollten sich Personen »bilden«
in kreativen Lerngefilden.

Will man stattdessen jetzt probieren,
die Schüler wieder zu dressieren?

Hat man mit »Kompetenz-Katalogen«
sie um die »Bildung« neu betrogen?

Spricht man von Bildungsreformen,
denkt man an schulische Formen,
an Lehre und an Unterricht
– und an das Lernen draußen nicht.

Doch was man für das Leben lernt,
wird meist in Schulen nicht gelernt.
Denn oft kann das Erfahrungsleben
erst Anstoß und Motive geben
zum engagierten Lernen
und Defizit entfernen
für ein gelingenderes Leben.

Doch dazu muss es Hilfen geben
zum praktischen Studieren
und eignen Recherchieren.

Fördert aber der Unterricht
das lebenslange Lernen nicht,
das man dann selber weiter führt,
weil's einen brennend interessiert,
dann bringt der ganze Unterricht
die Hilfe für das Leben nicht,
die wäre seine erste Pflicht.

Doch auch im Alltagsleben
muss es Lernhilfen geben.

Wir brauchen »lernende Regionen«
und Lernberatungszonen
mit elektronischer Vernetzung,
die ohne Datenschutz-Verletzung
bei Bildungs-Schwierigkeiten
das Lernen stützend auch begleiten.

Dabei gilt's drauf zu bauen,
dass Männer dann und Frauen
auch eigene Projekte machen,
die ihnen selber Freude machen.
Denn »selbstgesteuertes Lernen«,
das müssen wir alle noch lernen.

»**Die Schule überstanden-**
und wo soll ich jetzt landen?

Ich muss 'ne Arbeit finden,
die aus plausiblen Gründen
für andere so wichtig ist,
dass jemand auch bereit dann ist,
mir dafür so viel zu bezahlen,
dass ohne Armuts-Qualen
ich davon wirklich leben kann
und mir auch mal was leisten kann.

Auch dann bin ich noch weit
von jener Unabhängigkeit,
von der ich einmal träumte
und die ich stets versäumte.

Ist das »der Ernst des Lebens«,
dass man sich müht zeitlebens
ums Freisein stets vergebens?«

Der Tod als unsre letzte Krise

Der Tod ist wohl die größte Krise
auf unsrer bunten Lebenswiese.

Wir haben mit dem Tod
schon unsre liebe Not,
wenn wir natürlich sterben
im Kreise unsrer Erben.

Wenn wir erst spät im Alter enden,
dann können wir noch was vollenden.

Doch sterben plötzlich mit Gewalt,
wenn man ist selber noch nicht alt,
das nimmt uns meist die Chance,
zu finden die Balance
zwischen dem Auftrag von da oben
und Stürmen, die uns hier umtoben.

Ein Leben durch Gewalt zerbrechen,
das ist das schrecklichste Verbrechen.
Denn nur bei dem »normalen« Tod
bleibt die Entwicklung noch im Lot.

Der Geist und die Moral,
die wirken doch normal
in jedem Leben nur einmal.
Aus menschlicher Natur
entwickeln sie Kultur
und die Gewissens-Uhr.

Sie schaffen in Symbiose
dann manchmal auch das Große.

Doch zur Entwicklungs-Förderung
scheint unser Tod Voraussetzung.

Wenn unsre Kräfte gehn zu Ende,
sucht dann die Seele eine Wende?

Wenn Seelen aus den Körpern fliehn:
Woll'n sie in neues Leben ziehn,
das dann mit neuer Kraft,
auch neuen Fortschritt schafft?

Dann brächte aber auch diese
Todes- und Sterbenskrise
noch einmal eine Wende
und wäre nicht das Ende.

Was macht der Lebensgeist,
der unsern Körper bewegt
und der ihn meist
in Freude und Leid erregt,
wenn unser Körper ermattet?

Ist's dann dem Geist gestattet,
zum Weltgeist heimzukehren,
von dessen Kraft zu zehren,
bis er mit der erholten Kraft
ein neues Leben wieder schafft?

Doch was er hat hervorgebracht
und hat aus uns hier mal gemacht,
bringt er davon ein Stück
zu seinem Schöpfer dann zurück?

Ist unserm menschlichen Leben
der Auftrag mitgegeben,
sich durch be«geist«ertes Streben
zum Weltsinn zu erheben?
.
Wie dem auch immer sei:
Wir sind auch selber frei,
so etwas hier zu wagen,
und etwas beizutragen,
was unsre eitle Welt
ethisch gesund erhält.

Es kann uns dabei auch bestärken,
dass wir Verbindungen bemerken
mit dem humanen Ringen
und geistigen Durchdringen
des Lebens der Generationen
und der verschiedenen Nationen
in Meta-Dimensionen
im Blick auf ethische Werte,
wer immer sie bescherte.

Der Mensch kann nicht zu Nichts zerfallen,
auch wenn er ist entleibt.
Das Sinnliche, das kann verfallen.
Das Übersinnliche, das bleibt.

Doch leider weiß man nie
was übers Wo und Wie.

Solln wir das Leben so gestalten,
dass gegen grausame Gewalten,
die meist in Krieg und Zwietracht walten,
wir unsre Selbstsucht überwinden
und uns an das Gewissen binden?

Kann das der Bildungs-Auftrag sein,
durch den wir hier uns reihen ein
mit unsrer eigenen Geschichte
in eine größre Heils-Geschichte?

Dass wir's mit Menschenliebe halten,
ist das die göttliche Idee,
nach der dann Wohl und Weh
soll in der Menschheit sich entfalten?

Die Kriege sind an jedem Ort
die Anstiftung zum Massenmord.

Schuld sind nicht die Soldaten
für ihre tödlichen Taten,
sondern die Potentaten,
durch deren Hetzen und Raten
sie aneinander geraten.

Wenn man vom letzten Kriege spricht,
vergessen es die Deutschen nicht,
vor allem stets hervorzuheben,
bei wie viel hoffnungsvollem Leben
es hat Ermordungen gegeben
grad durch die deutschen Soldaten
und ihre Gräueltaten.

In welcher anderen Nation
gab es das jemals schon,
dass man einseitig –noch bis heute-
verklagte so die eignen Leute?

Ist es nicht sonst doch nur normal,
dass man im Leben nun einmal
für die besonders viel empfindet,
die man sich zugehörig findet?

Die oftmals schrecklichen Taten
der kämpfenden Soldaten
die gabs in allen Heeren
bei Menschen, die sich wehren
in allerhöchster Not,
wenn sie der Tod bedroht.

Warum denn nur vergisst man immer:
die meisten »Landser« warn nicht schlimmer
als viele andere Soldaten
aus anderen Nationen
bei ihren historischen Taten
in ähnlichen Situationen.

Sucht nicht die Schuld für Gräueltaten
nur bei den eigenen Soldaten.
Die wurden da hinein geritten
und haben selbst genug gelitten.

Kann man es nicht vermeiden,
dass all das schreckliche Leiden,
das dieser Krieg hat schon gebracht,
wird stets zum Anlass neu gemacht
für Krisen unsres Selbstgefühls
und unsres Nationalgefühls?

Soll denn auch diese
tödliche Weltkriegs-Krise
gebären eine neue Krise?

Nach Krisen braucht's zum Weiterleben
auch ein Verstehen und Vergeben.

Das Übel sind die Kriege,
die trotz bejubeltem Siege
die Menschen leicht verrohen
und Menschlichkeit bedrohen.

Der Spleen, aus Krisen raus zu führen
durch den Entschluss 'nen Krieg zu führen,
das ist der allerschlimmste Wahn,
auf den die Menschheit kommen kann.

Die Lehre aus dem »großen« Kriege
heißt: Nie mehr solche »Helden«-Siege!

Sie bringen uns in höchste Not,
denn ihre Ernte ist ein Tod,
der Menschenwürde schwer bedroht.

So manche erloschenen Sterne
strahlen noch aus der Ferne.
So ists auch mit den Toten
und mit dementen Kranken.
Sie schicken noch ihre Boten
und leben in unsern Gedanken.
Sie wechseln nur die Räume
und gehen durch unsre Träume.

Erinnerung ist lange Zeit
noch ein Tunnel zur Ewigkeit.
Kein Wesen kann total zerfallen,
Erinnerung bleibt von uns allen.

Vielleicht ist's Leben auch ein Traum,
aus dem wir im Tode erwachen.
Wir wechselten dann nur den Raum,
um's noch mal besser zu machen.

Im Tod zerbricht ein Spiegel,
jedoch die Sonne bleibt.
Die Seele nimmt die Zügel,
weil sie erhalten bleibt.

Der Tod steht immer hinter dir,
bleibe ihm stets voraus.
Und greift er einstmals auch nach dir,
sei ihm auch dann voraus.

Denn was wir liebend erstreben,
wird auch noch weiter leben.
Die Welt unsrer Ideen
wird nicht mit uns vergehen.

Und wenn wir zum Gewissen finden,
den Egoismus überwinden
und Hass und Zwietracht lassen,
dann können wir gelassen
den Tod gewähren lassen:
Er kann nur das erfassen,
was auch vergänglich ist,
und muss noch wirken lassen,
was nicht so sterblich ist.

Das Leben in Raum und Zeit
ragt in die Ewigkeit.
Sein Sinn liegt weit
jenseits von Raum und Zeit.

Ich wache auf aus einem Traum,
bin noch erschreckt und glaub es kaum,
dass es zum Glück war nur ein Traum.

Wie hatt ich mich da abgehetzt
und bin zum letzten Zug gewetzt.
Ich spüre noch den Schreck:
Der Zug war grade weg.

Der Bahnhofsplatz war leer,
es gab kein Taxi mehr
und ich lief kreuz und quer
und fand es furchtbar schwer,
noch eine Unterkunft zu finden.

Ich musst mich überwinden,
fand nur ein Stundenhotel,
auch noch mit Hundegebell.

Dort habe ich campiert
und hab mich – unrasiert –
am Morgen sehr geniert,
raus aus dem Haus zu gehn,
und übernächtigt auszusehn.

Dann hing ich ziemlich dumm
am Bahnhof noch herum,
bis dann der Frühzug ist gekommen,
mit dem ich, noch etwas beklommen,
bin schließlich auch nach Haus gekommen.

Ich hatte schon den Traum vergessen,
saß grade bei dem Mittagessen,
als mich der Postbriefträger rief
mit einem Einschreibbrief,
der eine Rechnung war
von einer Hotel-Bar,
bei der ich gar nie war.

Der Schweiß brach aus beim Lesen:
War das denn das Hotel gewesen,
in dem ich nur im Traum gewesen?

Ich bin doch nicht verrückt:
Wer hat mir das geschickt?
Ich hab doch niemand in der Welt
von meinem Alptraum was erzählt.

Da saß ich zweifelnd nun:
Was sollte ich denn tun?

Ich habe das Hotel gesucht,
bei dem die Rechnung war gebucht.
Jedoch ich fand es einfach nicht
und auch das Konto gab es nicht.

Und doch bin ich zurück gewichen
und hab die Rechnung noch beglichen
mit einem scheuen Blick:
das Geld kam nicht zurück.

Dann hatt ich wieder einen Traum:
Mein Auto streifte kaum
bei Glatteis einen Schilderbaum.
Ich hörte nur ein Kratzen,

so ähnlich wie wenn Katzen
erregt mit ihren Tatzen
an der Metallwand kratzen.
Zum Glück wars nur ein Traum!

Doch morgens dann in der Garage,
da brachte es mich doch in Rage:
mein Auto war verschrammt!

Was ist da los, verdammt?
Sind denn bei mir die Träume
jetzt doch viel mehr als Schäume?
Das kann es doch nicht geben,
dass Träume werden Leben.

Was ist reales Leben
und was ist nur ein Traum?
Wenn unsre Träume leben,
ist unser Leben dann ein Traum?

Ich kann die Träume schon verstehn
und kann die Ängste darin sehn,
die sie verdrängen wollen,
doch nicht vergessen sollen:

Die Angst, was zeitlich zu verpassen,
wird uns nicht leicht wieder verlassen.
Auch Autofahrers Alptraum-Bild,
zu schleudern an ein Straßenschild,
kann kaum vergessen werden
und will verkraftet werden.

Doch zwischen Traum und Wirklichkeit
ist doch der Graben ziemlich breit.
Sie sind doch ganz verschieden
und lassen sich in Frieden.

Und jeder Brückenschlag
kann als Bewusstseins-Schlag
gefährden unsre Chance,
zu halten die Balance.

Das löst dann aus 'ne Krise,
weil nichts mehr scheint präzise.

Doch mir hat's was gebracht:
Es hat mich aufmerksam gemacht:
Könnt es ein zweites Leben
nach unserm Tode geben.
– das wir als Traum erleben?

Was mir im Traum ist widerfahren,
sind Ängste, die realer waren,
und doch zu Hoffnungs-Pferden
vor meinem Lebenswagen werden.

So führt die Krise doch am Ende
zu einer positiven Wende.

Ich denke immer noch zurück
an Miezis allerletzten Blick.

Beim Tierarzt lag sie auf dem Tisch
und würgte wieder fürchterlich.
Sie sah mich angstvoll-fragend an,
ob ich ihr denn nicht helfen kann.

Ich hab mich aber abgewandt,
weil sie dann gleich von fremder Hand
bekam die Todesspritze.
Ich war ihr keine Stütze.

Sie war ein treuer Gefährte,
der mir viel Freude gewährte.
Wo ich gehe und stehe
war sie in meiner Nähe.

Bin ich nach Haus gekommen,
hat sie es gleich vernommen.

Sie sprang gern an mir hoch,
ich spür es heute noch,
wie sie auf meiner Schulter schnurrte
und an der Halsbekleidung zurrte.

Wir haben wie Freunde gelebt
und vieles zusammen erlebt.
Bei meinem Schreiben und beim Lesen
ist sie stets aufmerksam gewesen
und wollte wissen, was ich tu.

Und ging ich nachts zur Ruh,
dann lag sie auf der Decke,
immer am gleichen Flecke,
und wärmte meine Beine.

Dann ließ ich sie alleine
und war ganz lange fort
an einem andern Ort
zu einer Krankenhaus-Behandlung.

Und das brachte die Wandlung:
Sie suchte mich wohl hundertmal
in Haus und Garten überall
und saß allein auf ihrer Bank
und wurde immer schlimmer krank.

Sie ist nur noch herumgekrochen
und hat ihr Fressen ausgebrochen.

Und als ich schließlich wieder kam
und sie nicht an mir hoch mehr kam
und auch nicht bei mir schlafen sollte,
weil ich ihr Kotzen nicht so wollte,
da wurden bei ihr immer
die Leiden noch viel schlimmer.

Sie konnte nichts mehr fressen,
sie war vom Krebs zerfressen,
bis sie der Tierarzt hat erlöst.

Doch das hat bei mir ausgelöst
ein ziemlich schlechtes Gewissen.
Ich hätte es doch wissen müssen:
Von meinen eignen Sorgen besetzt,
hab ich mich leider doch zuletzt
ihr nicht so zugeneigt
und die Verbundenheit gezeigt,
die sie hat immer mir gezeigt.

Was wir dann schließlich haben
in unserm Garten noch begraben,
ist von der Miezi nur ein Stück
-und nicht ihr letzter Blick.

Haben die Toten Augen,
die nicht zum Sterben taugen?

Was nützt mir, dass ich weiß
der Tod, das ist der Preis,
den alle Menschen zahlen müssen.

Auch wenn wir noch so zäh verbissen
ums Weiterleben ringen:
Wir können's nicht erzwingen.

Auch wenn wir sonst von Zwängen
uns lassen nicht bedrängen,
die Angst vorm Lebensende,
die lässt sich nicht verdrängen.

Wenn doch die Sorge nur verschwände,
dass alles sinnlos geht zu Ende!

Was heißt das für unser Leben?
Kann man einen Sinn ihm geben,
der wird das Sterben überleben?

Man müsste Teil von etwas sein,
was nicht wird sterblich mit uns sein.
Man müsste für was leben,
was bleibend Sinn kann geben.

Man konnte es im Krieg erleben:
da hat es Menschen doch gegeben,
die sind getröstet gestorben,
weil man sie hat umworben
und hat's zum »Heldentod« gemacht,
wenn sie in einer »Schicksals-Schlacht«
mit stürzten in den Todes-Schacht.

Auch eine schlimme Illusion
konnte da manchmal schon
mit ganz bedenklichen Sachen
das Sterben erträglicher machen.

Könnt' man das menschliche Verenden
nicht heute positiver wenden?

Der Glaube an einen Sinn,
für den ich tätig bin,
und der mich überlebt,
weil ich dafür gelebt,
der weist mich darauf hin,
dass ich auch wichtig bin.

Und Sterben lässt sich dann ertragen,
hat man an etwas mit getragen,
das größer ist als wir.
Das wirkt als Elixier:
Es gibt dem Leben einen Sinn,
auch wenn's geht allzu schnell dahin.

Hat man sich engagiert,
und etwas ausgeführt
und daran mit gewirkt,
dass einen Sinn es birgt,
kann man dann einst zufrieden
verscheiden auch in Frieden?

Lasst uns nur diesen Glauben
an einen Sinn nicht rauben.
Tun wir was Gutes täglich,
wird wohl der Tod erträglich.

Segeln mit guten Winden
zum langsamen Verschwinden
am Horizont des Lebens
als Ende unsres Strebens
– so zu vergehn,
ist das nicht schön,
besonders wenn gespannt man ist,
was hinterm Horizont noch ist?

Die Wende der Perspektiven

Die Perspektiven-Wende
ist doch vielleicht am Ende
die wesentlichste Wende.

Der Wechsel der Perspektiven,
den wir bisher verschliefen,
kann vieles neu gewichten:

Die Wirtschaft müsst sich richten
mehr nach humanen Pflichten:
Was fördert Lebensqualität
und Solidarität
der Menschen, die betroffen sind
schon von dem nächsten Krisenwind?

Die Frage sprengt die Enge
schneller Rendite-Zwänge.

Als Maß der Wirtschaft gilt nicht mehr
»shareholders value« wie bisher.
Die Wirtschaft muss sich Mühe geben,
mehr dem Gewissen Raum zu geben
und nicht nur nach Gewinn zu streben.

Denn auch das ethische Wissen,
das wir heut so vermissen,
das wurzelt im Gewissen.

Wie oft bräuchte der Staat
eine Gewissens-Tat?

Und wie stünd's mit der Liebe,
wenn sie gewissenlos bliebe?

Wenn das Gewissen wichtig ist
und's Zentrum unsrer Seele ist,
dann ist die Perspektive klar:
Was für uns gültig ist und wahr,
das braucht ein gutes Gewissen,
selbst wenn wir leiden müssen.

Was soll denn aus uns werden?
Wozu sind wir auf Erden?

Es ist wohl immer so gewesen,
dass praktisch jedes Lebewesen
sich erst mal selbst behaupten muss,
sonst ist es mit ihm sehr bald Schluss.

Der Kampf gegen Hunger und Not
scheint da das oberste Gebot.

Dann geht's um unsre Sicherheit,
soziale Eingebundenheit,
und dass man sich bewahrt
durch Fortpflanzung der Art.

Damit wir auch Erfolge haben,
gilt's zu entwickeln alle Gaben
und Fähigkeiten, die wir haben.
Auf dieser »Bildung« steht
dann unsre Lebensqualität.

Doch hinter diesem ganzen Streben
nach dem humanen Überleben
scheint 's noch was anderes zu geben,
was noch mehr Sinn gibt unserm Leben.

Um unsern Auftrag zu ergründen,
versuchen wir heraus zu finden,
welche Bedürfnisse wir haben
und welche angelegten Gaben
wir wirksam in uns spüren,
die zu unsrer Bestimmung führen.

Da gibt's auch eine Ahnung
und klare ethische Mahnung,
die regt sich im Gewissen
als ein geheimes Wissen,
dass wir uns mühen müssen,
als Menschen besser zu werden,
um friedlicher auf Erden
auch in bewegten Jahren
die Schöpfung zu bewahren
-statt alles an die Wand zu fahren,
weil wir zu blind und gierig waren.

Der Mensch, wenn er vernünftig,
denkt auch, wie wird es künftig?

Dann hofft er, dass etwas geschieht,
was ihn aus seiner Krise zieht.

Er lässt die Hoffnung nicht
und nicht die Zuversicht
aufs neue Tageslicht.

Der Kopf und die Vernunft,
bedenken die Zukunft
der andern und des Ganzen
auch gegen Ego-Instanzen.

Ist nicht das Leben auch ganz schön,
kann man so denkend drüber stehn?

Das Leben ist ein Schicksalsspiel.
Das zu beklagen bringt nicht viel.
Man wird's am besten wohl bestehn,
kann man's als Aufgabe verstehn.

Für Kinder ist es schwierig,
sie sind nach Einsicht gierig,
um sich zurecht zu finden
und zu sich selbst zu finden,
– und manches auch zu überwinden,
was die Erwachsenen verkünden.

Erst nach der Pubertät,
das heißt erst ziemlich spät,
beginnt man einzusehen,
dass Alte auch etwas verstehen
und manches sogar klarer sehen.

Bis jetzt hat man noch, oft verdrossen,
den elterlichen Schutz genossen.
Sie halfen auch aus Krisen raus,
jetzt löffelt man sie selber aus.

Dann hat man viele heiße Wünsche,
sei's nach Substanz, sei's nur nach Tünche.
Doch ist einmal ein Wunsch erfüllt,
ist meist die Sehnsucht nicht gestillt.

Zu schade dass mit neuem Wissen
wir häufig auch mehr zweifeln müssen.

Zu häufig kommt es anders,
als man es selber denkt,
weil meistens jemand andres
unsre Geschicke lenkt.

Das Glück geht ein und aus,
oft ist man nicht zu Haus
und lässt die Chance aus.

Wir suchen den Platz an der Sonne,
und bleiben im Schatten mit Wonne.

Was man besonders auch vermisst:
Wenn man nur endlich wüsst,
wozu man so geschaffen ist.

Man reibt sich an der Zeit
und ist dann auch bereit,
mal gegen den Strom zu schwimmen.
Man kommt dabei nicht weit,
denn wenn man stoppt das Schwimmen,
wird man zurück getrieben.

Und man beginnt zu lieben.
Man sucht das große Glück
und bleibt enttäuscht zurück,
weil man zu spät erkennt,
wie leicht man sich verrennt,
wenn man mehr an sich selber denkt
und sich nicht als Person verschenkt.

Dann muss man Sorgen teilen,
von denen man bisweilen
den bitt'ren Eindruck hat,
dass man sie doch nur deshalb hat,
weil man sich so gebunden hat.

Und wird man dann vernünftig,
dann ist man oft schon fünfzig.

Man merkt, wie schnell die Welt sich wandelt.
Doch wenn man dann entschlossen handelt,
dann spürt man, wie man glücklich ist,
beim Tun, wenn es »gemäß« uns ist.

Man ist jetzt nicht mehr wild und blind
und kann es klar erfassen,
dass wir verantwortlicher sind
auch für das Unterlassen.
Zu nehmen Dinge, wie sie sind,
heißt nicht sie so zu lassen.

Wir sind nicht nur verbunden
mit unserm vertrauten Hügel,
wir haben in unseren Pfunden
auch noch die geistigen Flügel.

Dann läuft die Zeit mit schnellem Schritt
und man kommt langsam nicht mehr mit.
Es ist wie Berge ersteigen:
Hat man den Gipfel erklommen,
muss man herunter steigen,
um wieder heim zu kommen.
Und so ein Abstieg ist nicht schön,
weil wir dabei den Abgrund sehn.

Doch tut man es zur rechten Zeit,
dann hat man noch genügend Zeit,
um Einsicht und Vernunft
für die humane Zunft
energisch zu vertreten
und Solidaritäten
noch selber mitzutragen
bis zu den letzten Tagen.

Das Leben ist ein Trauerspiel.
Doch Jammern hilft ja auch nicht viel.
Vielleicht ein andres Lebensziel?

Man blickt besorgt hinauf zum Himmel,
wo wieder dunkle Wolken stehn,
und sieht das klagende Gewimmel,
wenn ständig sie um Hilfe flehn.

Dabei wird's nur noch schlimmer
durch dieses ständige Gewimmer.

Warum trifft man denn heute
so viele klagende Leute?

Das Leben scheint ihnen » beschissen«,
weil sie nur ständig was vermissen
und selber nicht mehr weiter wissen.

Der eine war ein schöner Mann,
und nun bedauert er, dass man
das heute nicht mehr sehen kann.

Die Schönheit, sagt man,
kommt von innen.
Wer bringt sie da hinein?
Reicht's denn, sich zu besinnen
aufs innere Harmonisch-Sein?

Gesundheit ist ein hohes Gut,
für das man viel zu wenig tut.
Doch wozu soll gesund man sein,
wenn unsre Lebenswelt bricht ein?

So richtig glücklich sein,
kann man auch nicht allein.

Es gibt zwar viele Katzen.
Wenn aber diese Katzen
von unserm Teller schmatzen
und dann mit ihren Tatzen
auch noch den Tisch verkratzen,
dann bringt's uns doch zum Platzen.
und kostet manchen Batzen.

Und doch wär's Leben halb so nett,
wenn man nicht so ein Haustier hätt.

Und gibts nicht auch Gefährten,
die sich als Freunde bewährten?

Soll man denn immer weiter schweifen,
wo doch das Glück ist vielleicht nah.
Statt es entschlossen zu ergreifen,
steht man nur immer klagend da.

Wenn wir Zufriedenheit nur messen
am Sieg der eigenen Interessen,
dann bleibt oft noch ein Rest,
der uns nicht ruhen lässt.

Beim Suchen nach den Gründen
kann man die Sehnsucht finden
nach idealen Perspektiven
aus den Gewissens-Tiefen.

Und das kann dazu führen,
dass wir uns engagieren
für etwas Größeres als wir
und unsern eignen Nutzen hier.
Natürlich gibt's Bedenken,
dass wir uns dann versenken
ins Meer der Illusionen
und hehren Spekulationen.

Denn in der Realität
wird Idealität
oft korrumpiert
und karikiert:

Wir wollen Freiheitskämpfer sein
und sperren unsre Gegner ein.
Wir wollen auf Tyrannen schießen
und doch nur Märkte uns erschließen.
Wir wollen segensreicher walten
und doch nur unsre Macht erhalten.

Das wird wohl auch so weiter gehn.
Wir handeln häufig schizophren
mit Idealen als Begründung,
die meistens sind Erfindung
für unser mahnendes Gewissen.

Und unsre Gegner wissen:
Das ist viel Heuchelei
und Spiegelfechterei.

Doch dass wir Ideale brauchen,
auch wenn wir häufig sie missbrauchen,
das zeigt doch, wie wir wissen,
dass wir nach dem Gewissen
als Menschen handeln müssen.

Die Praxis führt zu Kompromissen,
für die wir uns oft schämen müssen.

Doch Heucheleien zu durchschauen
und dem Gewissen mehr zu trauen,
lässt sich nicht darauf bauen
auch eine bessre Sicht,
die Eigen-Interessen bricht?

Unsre vertraute Lebenswelt
wird mehr und mehr zum Spannungsfeld:

Wir würden gern authentisch sein
– und müssen diplomatisch sein.

Wir sollen mehr Gefühle zeigen,
– doch wenn wir uns dabei versteigen
in zu viel Enthusiasmus
gilts als Gefühlsorgasmus.

Doch kontrolliert und rational
erscheint man auch nicht ganz normal.

Wir kommen gern leger
und ziemlich cool daher.
– und sollen schick und fein
doch angezogen sein.

Wir sehnen uns nach Sinn
– und sollen doch gleich hin
zu jedem neuen Event,
das keinen Sinn mehr kennt.

Der Zwang zur Perfektion
– führt auch zur Resignation.

Wir möchten alle Menschen lieben
– und sind von Eifersucht getrieben.

Man will im Wettbewerb sich messen
– und hält sich zweifelnd für vermessen.

Vor lauter Angst vorm Fehler machen,
– macht man die allerdümmsten Sachen.

Wir wollen eine Trennung
– und suchen Anerkennung.

Wir wollen stets geborgen sein
– und stehen meistens doch allein.

Vielleicht hilft der Humor
und dass mit einem Ohr
man's nur noch halb vernimmt,
wie man sich recht benimmt?

Vielleicht hilft es, die Vorschrifts-Themen
heut nur noch mit Humor zu nehmen.
Denn all die schönen Sachen,
die man uns zwingt zu machen,
sind auch ein Grund zum Lachen.

Wir sollten uns zusammen nehmen
vor jenen größeren Problemen,
die uns heut fast den Atem nehmen.

Wenn wir uns dafür engagieren,
kann sich der innre Zwist verlieren.

Das Leben macht nur Spaß
hält man das rechte Maß.

So ist es mit der Gier
nach Schnaps und Wein und Bier.
Und mit der eitlen Gier
nach Geltung und nach Geld
in dieser Krisen-Welt.

Der Drang nach Expansion
verführte manchen schon,
dass er, von Großmanns-Sucht getrieben,
bald auf der Strecke ist geblieben.

Auch Kriege töten weit und breit
das Maßgefühl der Menschlichkeit.

Die Industrie erstickt oft schon
an ihrer Überproduktion.

Jeder Genuss verführt auch sehr
zu kriegen davon immer mehr.
Doch dann führt der Genuss
auch oft zum Überdruss.

Je mehr Reklamefilme laufen,
je mehr wächst auch der Rausch zu kaufen.
Je mehr der Wohlstand sich vermehrt,
je mehr sinkt aber auch sein Wert.

Wenn schon die Banken pleite machen
durch hemmungsloses Schulden machen,
dann ist es nicht verwunderlich,
dass alle Welt verschuldet sich.

Das Schulden-Machen ist nicht schwer,
Kreditbeschaffer helfen sehr.

Die Politik, die macht es vor:
Sie haut die Jungen übers Ohr,
gibt Wohltaten auf Pump
und rechtfertigt das plump,
dass nur akute Krisen
sie zwängen in die Miesen,
– obwohl sie auch in guten Jahren
doch niemals dachten an das Sparen,
um so sich vorzubereiten
auf kommende schlechtere Zeiten.

Der Schuldenberg wird immer größer
und der Verdacht wird immer böser:
man wird, um selbst jetzt gut zu leben,
der Nachwelt wenig Chancen geben,
in Würde noch zu überleben.
Denn dieses »heute mehr und mehr«
macht deren Krisen doppelt schwer.

Bei unsrem Leben ohne Maß
vergeht den Kindern dann der Spaß.

Ist unser Wille denn beschränkt,
weil er an unsern Genen hängt?

Wenn selbst ein Gott ihn respektiert,
und er uns nicht hinein regiert,
was immer in der Welt passiert,
dann woll'n wir ihn erhalten
und selbstbestimmtes Verhalten
aus freiem Willen gestalten.

Ruht darauf nicht die Menschenwürde?
Sie ist nicht nur 'ne Strafrechts-Hürde,
die Achtung Anderer gebietet
und Herrschafts-Haltungen verbietet.

Die Würde die beruht darauf,
dass jeder in dem Lebenslauf
vom Anspruch des Gewissens
und des moralischen Müssens
ständig herausgefordert ist
und Träger eines Auftrags ist,
dem wir in unsrer Erdenfrist
so gut es geht entsprechen sollen,
getragen von dem eignen Wollen.

Vielleicht sind wir von Gott gerufen,
auf allen unsern Lebensstufen
das Seelen-Feuer zu behüten,
und dem Paroli stets zu bieten,
was nur auf äußeren Nutzen
will unseren Willen stutzen.

Wir können den Auftrag verraten,
dann kann uns alles missraten.
Die Gier nach Geld und Macht
hat schon viel Leid gebracht.

Es ist keine leichte Bürde,
die uns die Menschenwürde
durch das Gewissen auferlegt
und die uns innerlich bewegt,
in Freiheit und bescheiden,
die Selbstsucht mehr zu meiden.

Geht das nicht vom Gewissen aus
und setzt den freien Willen voraus?

Fällt von der höheren Instanz
vielleicht dann auch ein Glanz
auf unser moralisches Streben.
in einem schwierigen Leben?

Das Folgen oder Versagen
kann diese Spannung tragen.
Wir können's deshalb wagen,
doch nicht gleich zu verzagen,
wenn uns die Krisen plagen.

Der Ruf an uns, der wird nicht enden.
Drum kann man Menschen nicht »verwenden«
wie willenlose Knechte.

Wir haben persönliche Rechte
und auch moralische Pflichten,
uns nach dem Gewissen zu richten.

Wir sollen das erfüllen
aus unserm freien Willen.

Dass du vor diesem Anspruch stehst,
und aufrecht durch das Leben gehst,
das als Verpflichtung einzusehn,
heißt »Menschenwürde« erst verstehn.

Es ist nicht immer ein Verlust,
wenn du dann was entbehren musst.

Weißt du denn, wer du wirklich bist,
und was nur eine Rolle ist,
in der du noch verborgen bist?

Wir alle wollen stolz uns fühlen
und dazu »eine Rolle spielen«,
das heißt eine Bedeutung haben,
die uns macht irgendwie erhaben.

Doch ob das **deine** Rolle ist,
das merkst du, wenn du glücklich bist:
Ist's wegen Beifall und Erfolg
und Anerkennung bei dem Volk?
Oder bist glücklich du für dich,
wenn keiner mehr bewundert dich?

Wer so mit sich im Reinen ist,
der spürt dann, was gemäß ihm ist.

Doch dass man mit sich eins sein muss-
ist das der Weisheit letzter Schluss?

Es ist ganz sicher richtig
und für die Psyche wichtig,
dass möglichst man authentisch ist.
Doch wenn's allein das Ziel nur ist,
ob das nicht egozentrisch ist?

Kann's höchste Glück auf Erden
nicht dann erreichbar werden,
wenn man sich selber überwindet
und die Erfüllung für sich findet
im Helfen und im Dienen
für andre, die bedürftig schienen?
Der Dienst für das gemeine Wesen

ist auch schon immer was gewesen,
was einen Sinn gibt unserm Leben.
Es kann Befriedigung uns geben
-auch dann, wenn das, was nötig ist,
nicht grade sehr gemäß uns ist.

Das Beste aber wär es wohl,
wenn man für das gemeine Wohl
sich könnte selbstlos setzen ein
und dabei ganz authentisch sein.

Seh ich nachts in den Sternenhimmel
seh ich unendliches Gewimmel
von Sternen und Planeten.
Ich weiß: in Teleskop-Geräten
erscheinen noch viel mehr Planeten
und große ferne Galaxien,
die's Weltall auseinander ziehen.

Wenn ich bewusst mir werde,
dass unsre stolze schöne Erde
ein winzig kleiner Punkt nur ist,
der nur ein Bruchteil dessen misst,
was dort im Universum ist,
dann fühl ich mich ganz klein
und sehe nicht mehr ein:
Warum soll ich das wichtig nehmen,
was wir hier ständig unternehmen?

Und was sind unsre Krisen
vor diesen Himmelsriesen?

Doch dann wird es mir klar:
Die Erde ist doch wunderbar!
Von Astronomen hör ich gerne,
dass keiner dieser andern Sterne
so lebensfreundlich ist
und so bevölkert ist.

Und das macht wieder klar,
wie wichtig es doch war,
sich dieses Kleinod zu erhalten
und seine Schönheit zu entfalten.

Selbst wenn wir sind die Kleinsten,
vielleicht sind wir die Feinsten?

Wie sind wir denn zu Menschen geworden?
Wenn einst aus Proteinen-Horden
das Leben sich entwickelt hat,
wo fand dann Gottes Schöpfung statt?

Durch Anpassung und Mutation
ergab sich jene Evolution,
die höh're Formen stets kreierte
und schließlich zu uns Menschen führte.

Doch gibt es da nicht etwas Neues,
vielleicht sogar Entwicklungs-Freies?

Bringt nicht humaner Geist,
der forschend neue Wege weist,
der die Entwicklungen durchschaut
und eigne Lebenswelten baut,
ein neues Element ins Leben,
das es hat vorher nicht gegeben?

Und unser menschliches Gewissen
für das moralisch Handeln-Müssen,
ist das nicht auch ein Element,
das die Entwicklung sonst nicht kennt?

Vernunft und Wissensdrang,
Geist und Gewissenszwang,
die sind ein eignes Element,
das man des Menschen »Seele« nennt.
Auf ihr beruht die Menschenwürde
und unsere Verpflichtungs-Bürde.

Weist dieser Anteil Meta-Physik
auf Gott als Schöpfer doch zurück?

Diese Erkenntnis ist oft bitter:
Man ist als Mensch doch nur ein Zwitter
von großem Tier und kleinem Gott,
der hier in seinem Erdentrott,
wenn er mal einen Aufschwung wagt,
doch immer wieder schnell versagt.

Denn immer neu erliegen wir
unserer primitiven Gier
nach Beute und Bereicherung,
Einfluss- und Machterweiterung
und nackter Sex-Befriedigung.

Und doch gibt's auch ein Streben,
sich manchmal zu erheben
zu kritischer Erkenntnis
und ethischem Bekenntnis.

Wir sind auch geistige Wesen
wohl immer schon gewesen
mit der Vernunft-Begabung
zur Ichsucht-Untergrabung.

Und dann sagt uns auch das Gewissen,
was wir moralisch tuen müssen,
um andern Mitgefühl zu schenken
und nicht nur an uns selbst zu denken.

Wenn durch Vernunft und das Gewissen
wir uns dann so gefordert wissen
und motiviert dem folgen müssen,
dann ist es nicht zu spät
für Frieden und Humanität.

Dann führen sexuelle Triebe
zu der persönlicheren Liebe,
und Raffgier-Egoismus
zu neuem Altruismus
und selbst der Kapitalismus
zu part-time-Sozialismus.

Ich frage die Leute:
wo stehen wir heute
in der Entwicklung der Menschheit?
Die Antwort ist Zwiespältigkeit.

Die Einen sind leicht aufgebracht:
»Wir haben es doch weit gebracht,
die Welt uns untertan gemacht,
die Technik weit voran gebracht.

Wir haben eine Weltwirtschaft,
die es doch immer besser schafft,
dass die Entwicklung weiter geht
zu noch mehr Lebensqualität.«

Die Andern sich erregen
und wehren sich dagegen:
»Wie steht es denn mit den Millionen,
die heut im tiefsten Elend wohnen,
und mit den vielen Bürgerkriegen
und den korrupten Herrschafts-Riegen?

Wer hat das Klima denn zerstört
und in der Welt so unerhört
das Gleichgewicht gestört,
dass wir von Umwelt-Katastrophen
und Durst- und Hunger-Katastrophen.
von Fluten und vom Wirbelwind
jetzt zunehmend betroffen sind?«

»Ihr könnt nur immer klagen.
So kann man das nicht sagen.
Wir haben Krisen schnell erfasst
und uns stets clever angepasst
an wechselnde Bedingungen
und widrige Bestimmungen«.

Der Streit wird kritisch kommentiert:
»Habt ihr denn beide nicht kapiert,
dass etwas Neues ist passiert?
Es geht nicht mehr um Anpassungen
an fremde Schicksals-Schwingungen,
wie es noch Darwin hat gesehn.
Es fängt längst an, sich umzudrehn:
Der Mensch schafft selbst sich seine Welt
als künstliches Bedingungsfeld.

Die neuen Infrastrukturen
und Wirtschafts- und Sozialkulturen,
die wir als Umwelt selbst geschaffen,
die machen uns doch jetzt zu schaffen.«

Was wir als Wohlstands-Welt erbaut,
ist meist auf Ausbeutung gebaut
der sterbenden Natur.

Es funktioniert auch nur
durch einen Wachstums-Boom
mit übersteigertem Konsum
in einem Teil der Welt,
der immer wieder Macht und Geld
für sich geschickt zusammen hält
gegen die arme »Dritte Welt«,
die die veränderte Struktur
doch bisher immer nur
als Ausbeutung erfuhr.

Ist das nicht eine Wende,
die bringt uns an das Ende
der Bio-Evolution?
Mit dieser Revolution
entstand die Umwelt-Situation,
in der wir uns behaupten sollten,
aus etwas, was wir selber wollten.

Bereits seit vielen Jahren
bereiten selbst wir die Gefahren,
die aus der Umwelt uns bedrängen
und uns jetzt in die Krise zwängen.

Wir hatten die Chancen erhalten,
die Umwelt so zu gestalten,
dass sie uns nicht durch Not
und Überfluss bedroht.

Wir wollten aber bequemer leben,
statt ernsthaft darauf Acht zu geben,
uns eine Umwelt zu erbauen,
in der noch Anstand und Vertrauen
und Solidarität
im Ansehn höher steht
als gieriger Egoismus
und »Raubtier-Kapitalismus«.

Jetzt, wenn die Blase platzt,
merkt man, was wir verpatzt.
Und das Ergebnis, das ist bitter:
Wir stehn in einem Welt-Gewitter,
das führt zu Not und Konkurrenz
und fördert Ichlings Effizienz
statt ethischere Kompetenz.

Und statt sich endlich zu besinnen
und jetzt bescheidner zu beginnen,
will man nur mehr vom Alten:
Konsum soll sich entfalten
im Hinblick auf die Halden.

Dieses System, das haben wir
in einer blinden Wachstums-Gier
als unsre Umwelt so geschaffen,
dass es den Trieb zum Raffen
als Motor weiter nötig hat
und setzt die Nächstenliebe matt.

Auch Bildung frei gestalten,
und die Begabungen entfalten,
das muss jetzt angepasster werden
an fremde Zwänge, die auf Erden,
meist von uns selbst geschaffen werden.

Wo steht denn jetzt die Menschheit?
Wir scheinen heute schon so weit,
dass unsre Weichen sind gestellt
auf eine Dauer-Krisen-Welt.

Doch neu ist, dass wir Chancen haben,
dass, was wir selbst geschaffen haben,
wir auch wieder verändern können.

Statt immer weiter so zu rennen,
kann jeder kritisch sich besinnen,
ein andres Leben zu beginnen
in einer eignen Lebenswelt,
die ihm nicht in den Rücken fällt.

Die Auslese der Tüchtigsten
gehört nicht mehr zum Wichtigsten
für den humanen Fortschrittsglauben.

Dem Schwächeren die Chancen rauben,
ihm nicht den gleichen Start erlauben
wie dem viel stärk'ren Konkurrenten,
das hieße doch, sich abzuwenden
von unserem sozialen Triebe
und dem Gebot der Nächstenliebe.

Die rücksichtslose Konkurrenz
um bessre Lebens-Existenz
wird abgelöst allmählich schon
durch solidarische Aktion.

Ein Kampf mit den modernen Waffen
kann keine » Auslese« mehr schaffen,
er kann uns alle nur vernichten.

Drum sind es Überlebenspflichten,
dass wir global uns unterstützen,
zusammen unsre Welt beschützen
und alle Kraft fürs Ganze nützen.

Nicht die soziale Hängematte
und nicht die große Weltdebatte
sind dann das Wirkungsziel,
sondern sich anstrengen so viel
wie jeder wirklich leisten kann,
damit die Menschheit kommt voran.

Vielleicht bewirkt die Kooperation
den Weitergang der Evolution
durch eine neue Mutation?

Hast du es auch schon mal gehört?
»Die meisten Menschen sind gestört !«

Es gibt ein weites Feld
von Stress in unsrer Welt,
von Ängsten aller Art,
mit Armut oft gepaart.

Der Arbeitsplatz bedroht,
der Umgangston verroht.
So sehr man sich auch quält:
die Sicherheit die fehlt
bei dieser Globalisierung
und Leistungsoptimierung.

Schon in der Schule fängt das an.
Sieh doch nur einen Lehrplan an,
der maßlos überfrachtet
nicht auf die Schüler achtet,
die unter Stress einpauken müssen
einen Ballast von totem Wissen.

Und dann regiert die Marktwirtschaft
und beutet aus die Arbeitskraft
durch Druck der Konkurrenz
und Angst um Existenz.

Dazu kommt dann der Frust,
der killt die Leistungslust,
weil's keine Anerkennung gibt
und niemand dich als Mensch noch liebt.

Das Resultat
ist in der Tat,
dass viele psychisch angeschlagen
ihr Dasein mühsam nur ertragen.

Wir sehn auch: Immer mehr
erregen sich so sehr,
dass sie sich stürzen blind und kalt
in amok-artige Gewalt.

Den Psychotherapeuten
bringt's dann von allen Leuten
die lukrativsten Zeiten.

Die positive Wende
kommt aber doch am Ende
aus einem neuen Schwung
sozialer Einstellung
zu Solidarität,
und Subsidiarität.

Wir suchen irgendwie
uns halbwegs durchzuschlagen.
Doch es gelingt uns nie,
sanft alles zu ertragen
und sich an schweren Tagen
mit andern zu vertragen.

Wir suchen was aus uns zu machen,
was Anerkennung findet,
doch manche schöne Sachen,
an die man sich da bindet,
die finden andere zum Lachen.

Als Junge wollt man Helden spielen
und war doch einer nur von vielen,
die dabei auf die Nase fielen.

Man sucht mit guten Gedanken
zu überwinden jene Schranken,
an denen Zweifel ranken
und die Reformen kranken.

Wenn man's zu einer Schrift verbindet,
die auch mal einen Leser findet,
wird man dann auch bekannt
und vielleicht anerkannt?

Doch da sieht man die Vielen,
die mit den gleichen Zielen
niemals so recht gefielen,
und dann regt sich der eitle Stolz:
Man ist doch wohl aus andrem Holz.

Wenn es doch nur im Internet
auch Raum für solche Texte hätt.

Doch deshalb betteln bei Verlagen
und ihren Hochmut zu ertragen?

Da pfeift man lieber auf die Welt,
der man nicht sehr gefällt,
und denkt vergnügt und munter:
Rutscht mir den Buckel runter !

Ich sag, was ich für richtig halte.
Und was ich dabei so gestalte,
wird dann für mich halt nur
ein Denkmal eigener Kultur.

Der viel gerühmte Altruismus
ist oft ein Gruppen-Egoismus.

Und doch ist er die Grundsubstanz,
die überwindet die Distanz
und sichert unser Überleben
als freundliches Zusammenleben.

Man engagiert sich für die Nächsten,
die einem menschlich stehn am nächsten.
Das fängt bei der Familie an
und steigt zu der Gemeinschaft an,
wo man sich zugehörig fühlt,
weil man da eine Rolle spielt.

Man liebt die eigenen Gefährten,
die sich als gleichgesinnt bewährten.
Doch das Problem sind dann die andern,
die lieber andre Wege wandern.
Wenn da die Abgrenzung
wird auch zur Ablehnung
und sie zu unsern Gegnern werden,
beginnt der Bruderkampf auf Erden.

Auch unser Patriotismus
ist nationaler Altruismus.
Auch er ist ein sozialer Wert,
der Egoismus überquert.

Der Altruismus ist für alle,
ich denke doch in jedem Falle
etwas, was Menschen besser macht.
Er hindert die Zerstörungsmacht,
die uns die Ich-Sucht hat gebracht.

Begeist'rung für die eignen Leute
führt aber häufig heute
zu Abgrenzung und Gegnerschaft,
die Zwietracht und auch Kriege schafft.

Drum kommt es jetzt für jedermann
auf Mitgefühl für Menschen an,
die mit uns leben dort und hier,
auch wenn sie anders sind als wir.

Das Allerbeste wär,
doch das ist meist zu schwer,
man könnte alle Menschen lieben,
sei'n sie von hüben oder drüben.

Weil das zu idealistisch,
gilt es jetzt realistisch
in Stufen anzustreben
ein altruistischeres Leben.

Die christliche Religion
ist eine Provokation.

Das »Göttliche« in Christi Sicht
zeigt sich im Haben-Wollen nicht
und nicht im irdischen Erfolg,
auch nicht durch Herrschaft übers Volk.

Das »Göttliche« geht nicht konform
mit unserer Verhaltensnorm,
es hilft nicht zum Besitz-Erwerben
und kann' s leicht mit der Macht verderben.

Es kennt auch nicht die Gier nach Geld
und wird verfolgt oft in der Welt,
tut nicht, was »man« für richtig hält.

Ist Christus nicht der Gegenpol
gegen ein sattes Bürgerwohl?

Er schärft den Stachel des Gewissens
und eines Helfen-Müssens
und fordert mehr Erbarmen
mit Kranken und mit Armen.

Doch Christi Leben und sein Tod
zeigt beispielhaft dann auch die Not,
mit der das göttliche Gebot
uns auch im Leben stets bedroht.

Wir können selbst nicht göttlich sein
und müssen doch uns lassen ein,
so gut es geht ein »Christ« zu sein.

Denn ohne dieses Streben
kann kaum sich unser Streben
aus Gier und Eigennutz erheben.

Wir haben auch den Geist,
der uns darauf verweist,
dass wir als Mensch ein Wesen sind,
das jederzeit, oft schon als Kind,
von unserer Vernunft bestimmt,
auch auf das Ganze Rücksicht nimmt.

Die Freiheit hilft uns nicht allein,
auch wenn wir klug sie grenzen ein.
Wer sich nicht lässt aufs Denken ein,
und dabei aufs Vernünftig-Sein,
kann sich nicht von der Gier befrei'n
und wird nicht Herr der Krisen sein.

Die menschliche Vernünftigkeit
stützt sich auf Gegenseitigkeit:
»Was du nicht willst, das man dir tu,
das füg auch keinem andern zu.«
Und: Spende anderen das Brot,
damit du selbst, wenn in der Not,
kannst gleiche Hilfe erhalten
und würdig dein Leben gestalten.

Die christliche Barmherzigkeit
fragt nicht nach Gegenseitigkeit.
Sie lässt sich nicht begründen
mit rationalen Gründen.
Sie kommt aus einem Mitleidstriebe
und dem Gefühl der Nächstenliebe.

Sie fragt nicht, ob sich's lohnt
und ob man wird belohnt
durch eine Gegengabe
fürs eigene Gehabe.

Vernunft zielt auf Gerechtigkeit,
die Liebe auf Gefühlseinheit.
Der Staat soll auf Vernunft sich gründen,
Personen sich in Liebe finden.

Das Beste wär's, es würd gelingen,
die beiden Kräfte zusammen zu bringen.

Von Natur aus sind wir nicht gut,
sonst könnten wir nicht in der Wut,
die andern skrupellos so plagen
und uns so selbstsüchtig betragen.

Beherrscht von einem Streben,
nur selbst zu überleben,
denkt jeder rücksichtslos
nur an sein eignes Los.

Da sind wir eben nur
auch Teile der Natur,
die richtet sich auf Erden
nach »Fressen und Gefressen-Werden«.

Doch was uns unterscheidet,
worum man uns beneidet:
Wir können die Welt durchschauen
und eigne Welten uns bauen,
in denen Kräfte der Natur
werden zu Dienern nur
der menschlichen Kultur.

Es ist der menschliche Geist,
der uns als stärker erweist
als alle andren Lebewesen,
auch wenn sie kräftiger gewesen.

Wir können auch erkennen,
dass wir ins Unglück rennen,
wenn wir uns menschlich nicht verstehn,
nicht in Vernunft zusammen stehn.

Geist- und vernunftbegabte Wesen
sind Menschen immer schon gewesen.
Nur schade, dass sie diese Gaben
so wenig angewendet haben.

Wir haben außer diesem Wissen
auch das moralische Gewissen,
das sich in uns als Kompass regt
und uns zum Gutes-Tun bewegt.

Im Grunde sollten wir wissen,
dass nach Vernunft und Gewissen
wir uns mehr richten müssen.

Das ist unsre Besonderheit
und unsre Haupt-Verschiedenheit,
die uns in diesem Leben
als Auftrag mitgegeben.

Von seiner Erfüllung hängt es ab,
ob's auf geht oder mehr bergab
und welche Zukunft auf Erden
wir bald erleben werden.

Ist das nur wieder Utopie,
und ideale Phantasie?

Es ist ein Traum vom Mensch-Sein,
vom Ethisch- und Vernünftig-Sein,
der uns als Leitbild stärken muss
in unserm täglichen Entschluss,
den Lebens-Auftrag zu erfüllen
und unsre Sehnsucht auch zu stillen,
das Böse in uns zu bezwingen
und Frieden auf die Welt zu bringen.

Der Traum hat in der Geschichte
meist religiöse Gewichte.
Der Glaube, dass nach diesem Leben
die Seele wird noch weiter leben,
um eine Rechenschaft zu geben
über das unvollkommne Streben
nach gottgefälligerem Leben,
erscheint als eine Konsequenz
aus der erfahrenen Präsenz
des metaphysischen Strebens
als Sehnsucht unsres Lebens.

Der Glaube, dass mit unserm Leben
ein hoher Auftrag ist gegeben,
das ist seit eh und je
die große humane Idee.

Wenn wir sie gar nicht mehr heut spüren,
werden wir auch den Sinn verlieren,
der uns könnt' aus der Krise führen.

Ein Schlüsselwort zur Besserung
scheint der Begriff der »Einstellung«,
und zwar im doppelten Sinn:

Es weist uns darauf hin,
dass innere Gesinnung
ist wichtig zur Gewinnung
von Haltungs-Alternativen
und ethischen Perspektiven.

Es macht aber auch klar,
wie wichtig es stets war,
dass Menschen eine Stelle finden,
durch die sie tätig sich verbinden
mit einer produktiven Welt,
die auch sozial zusammen hält.

Die inn're »Einstellung«
bringt auch Veränderung
für Wirtschaft und die Bildungswelt:

Die Einstellung nur auf das Geld
und Rationalisierung
in unsrer Lebensführung,
die darf nicht länger dazu führen,
dass wir das Mitgefühl verlieren.

Und die bekannte Vorstellung
von ständiger Verdoppelung
von Wohlstand und Bereicherung,
die gilt es zu ersetzen
durch ein ganz neues Schätzen
von Arbeit und Bescheidenheit
in ethischer Entschiedenheit

zur Rettung der Natur
und friedlichen Kultur.

Wenn so die »Einstellung« sich wandelt
und auch die Wirtschaft sich verwandelt,
so dass die Arbeitsplätze man
nicht mehr so leicht verlieren kann,
dann gibt's mehr äußre Sicherheit
und innre Zuversichtlichkeit.

In dem vertrauten Arbeitsfeld
mal längerfristig »eingestellt«,
werden wir das Gewissen,
dann mehr beachten müssen
und die Vernunft mehr respektieren
– und nicht das Mitgefühl verlieren.

Entscheidend für die Besserung
innrer und äußrer »Einstellung«
ist aber die Begeisterung
und unser kreativer Schwung.

Die Krise hat doch einen Sinn:
Sie weist uns auf die Spaltung hin
von grenzenloser Offenheit
und Sehnsucht nach mehr Sicherheit,
die beide ausgeufert sind
im Wirtschafts-Krisen-Wind.

Verführerische Möglichkeiten,
sich egoistisch zu entscheiden
für skrupelloses Spielen
mit Geldern und Gefühlen,
die haben viele nicht vertragen:
Sie haben Ordnungen zerschlagen,
die Bürgern Sicherheit verhießen,
auf die sie bisher sich verließen.

Auch der soziale Wohlfahrts-Staat,
der alles für die Bürger tat,
hat's Konto überzogen
und jene Hoffnungen betrogen,
die sich darauf verlassen haben,
zu leben von Sozial-Abgaben.

Wir müssen neu den Ausgleich finden,
Freiheit und Sicherheit verbinden:
Zunächst durch Bildung uns bewegen,
uns kreativer selbst zu regen
und Freiheits-Missbrauch dann beschränken,
um unsre Gier sozial zu lenken.

Doch soll es uns gelingen,
das wirklich zu vollbringen,
die zwei zusammen zu bringen,
soziale Stabilität
und freie Kreativität,
dann müssen wir uns besinnen,
um Perspektiven zu gewinnen,
die uns die Sinn-Ausrichtung geben
auf solidarischeres Leben.

Wir müssen klar uns werden:
Wozu sind wir auf Erden?
Was ist uns für das Leben
als Gaben mitgegeben?

Und dann kann uns das Wissen
um die Vernunft und das Gewissen
zur engagierten Einsicht bringen:
Wir müssen ethisch darum ringen,
hier einen Auftrag zu vollbringen:
der Menschheit Frieden bringen
und unsre Erde mehr bewahren
vor sie zerstörenden Gefahren.

Das ist eine Perspektive
von meta-physischer Tiefe,
von der man hoffen kann,
dass sie uns retten kann.

Von **Günther Dohmen** sind im BoD-Verlag
bereits erschienen:

Dunkle Vergangenheit – Helle Zukunft.
Dialogischer Bildungsroman (2007),

Wie sollen und können wir leben?
Gereimte Denkberichte I (2008),

Auf die Schippe genommen.
Gereimte Denkberichte II (2008)